유대인의 교육 95가지 이야기

유대인의 교육
95가지 이야기

초판 1쇄 인쇄 | 2021년 08월 15일
초판 1쇄 발행 | 2021년 08월 20일
지음 | 마빈 토케이어
옮김 | 편집부
펴낸곳 | 태을출판사
펴낸이 | 최원준
등록번호 | 제1973.1.10(제4-10호)
주소 | 서울시 중구 동화동 제 52-107호(동아빌딩 내)
전화 | 02-2237-5577 **팩스** | 02-2233-6166
ISBN 978-89-493-0634-6   03000

유대인의 교육
95가지 이야기

마빈 토케이어 지음
편집부 옮김

🌀 태을출판사

머리말
☆☆

사람에게 있어서 교육은 절대적이다.

사람이 교육을 받지 못하면 하등동물과 조금도 다를 것이 없다. 인류를 풍요하게 만들고 지적 감정을 갖게 만들고 서로 사랑하게 만드는 모든 것이 교육 없이는 절대로 이루어질 수 없다.

그렇다고 해서 치밀한 수학이나 영어, 그리고 골치 아픈 물리 화학을 배우는 것을 교육의 모든 것이라고 단정할 수는 없다.

이 책은 유대인이 5천년 동안이나 온갖 고난을 당하면서도 그들의 영지를 유감없이 발휘하게 한 자연적인 교육을 강조하고 있다.

유대인들의 머리는 확실히 우수하다. 그리고 그들의 단결력 역시 남이 따를 수 없을 만큼 강하다.

이것은 그들의 조상 대대로 전승되어온 바로 유대인식 교육에 의한 것이다.

세계 역사에 위대한 업적을 남긴 제 1인자를 꼽으라면 단연 유대인의 이름이 부각 되어진다.

세계를 주름잡으며 독특한 화술로 세계평화에 기여한 헨리키신저도 유대인이며, 상대성 원리를 발견하여 우리의 과학 문명을 살찌우게 한 아인슈타인 역시 유대인이라는 것은 모두가 알고 있는 일이다.

유대인 교육은 도대체 어떠한 것일까? 유대인의 두뇌를 우수하게 만드는 비법이란 과연 무엇일까?

유대인 교육에는 그 궁금증을 풀어주는 모든 열쇠가 들어있다. 아이들이 성장하면서부터 가르치는 모든 습관과 부모자식 간의 독자적인 유대관계야 말로 믿을 수 없을 정도로 유대인의 의식을 강하게 만들었다.

유대인의 아이들은 학원이나 유치원에 들어가지 않는다. 현대의 부모들이라면 상상할 수도 없는 일이다. 그러나 그들은 그렇게 하고 있다. 세계의 1인자가 되기 위해 오늘도 유대인식 교육에 최선을 다하고 있는 것이다.

편집부

차례
☆☆

1장 『知』를 기르다

★ 2장 『精』을 기른다

3장 뜻을 기른다

★4장 자녀에게 들려 주는 재미있는 랍비 이야기

1장

『知』를
기르다

"남보다 뛰어나라"가 아니라 "남과 다르게 되라"

 이

아인슈타인은 8세까지 열등아였다

유대인의 어머니들은 모두 '교육의 어머니'이다.

영어의 JEWISH MOTHER(유대의 어머니) 라는 말은 여러 가지 뜻을 가졌는데, 그 하나가 '아이들에게 학문의 필요성을 귀 아프게 들려주는 극성스런 어머니'라는 뜻이다.

그래서 우리 유대인으로서는 이 말이 그다지 듣기 좋은 말은 아니지만, 한편으로 그런 잔소리는 어머니로서 어디까지나 당연한 의무라는 생각도 가지고 있다.

가령 구약성서의 『출애굽기』 제19장에는 다음과 같은 말이 있다.

「그리하여 모세가 신의 곁에 이르니 주님은 산에서 그를 불러 말씀하셨다. 이처럼 야곱의 집안에 말하고 이스라엘의 아이들에게 고하라.」

야곱은 유대인의 조상으로 여기서는 유대인을 가리키는 말이다. 지금 하나님이 모세에게 뒷날 유대인의 생활양식의 기본이 될 십계를 유대인에게 가서 고하라고 명령하고 있는 대목이다.

그런데 여기서 주목을 끄는 점은 하나님이 처음 십계를 매우 부드럽게 말하고, 다시 매우 강하게 말한 사실이다.

이 일로해서 십계의 구상은 처음 여성에게 주어지고, 다음에 남성에게 주어진 것이라고 랍비들은 생각한다.

『야곱의 집안』이란 말이 헤브라이어로는 부드럽고 여성적인 느낌이 나게 발음되는 것으로도 이것은 수긍이 가는 해석이다.

하나님의 가르침을 먼저 받은 여성은 이것을 가족들에게 전해줄 의무를 갖게 된다. 그래서 여성이야말로 첫 교육자이며 아이들을 가르치는 사람은 여성이라는 자부심을 유대인 어머니들은 모두 가지게 되는 것이다. 그러나 우리 유대인 어머니들은 동양의 극성스런 '교육 어머니' 들과는 조금 다른 것 같다.

가령 이웃집 아이가 피아노를 배운다고 해서, 우리집 아이에게도 피아노를 배우게 하거나 다른 아이들이 모두 일류학교를 목표로 공부한다고 해서 우리 아이에게도 같은 것을 요구하는 일은 없다.

늘 아이들 옆에 붙어서 "남보다 뛰어나라, 다른 아이보다 앞서라." 고 부채질하며 공부를 재촉하는 경우도 없는 것이다. 피아노는 자기

가 배우고 싶으면 배우도록 해줄 뿐이다.

우선 어느 학교가 '일류'인지 유대인 어머니들은 거의 신경 쓰지 않는다. 또 동양의 어머니들이, 아이가 유치원에 다닐 때부터 벌써 대학은 어디로 보내겠다고 원대한 계획을 말하는 것을 들으면 나는 정신이 아득해지는 느낌이 든다.

유대인의 입버릇 중 하나가 "아인슈타인은 8세까지 열등아였다."는 것이다.

아인슈타인이라면 물론 상대성 이론을 발견한 세계적 물리학자 앨버트 아인슈타인을 말하며 그는 유대인이다.

그러나 어렸을 때의 그는 말을 늦게 배웠으며 4세까지도 부모는 그가 '저능아'라고 믿고 있었다고 한다.

학교에 들어가서도 머리가 잘 돌아가지 못했으며, 더구나 친구하고도 어울리질 못했기 때문에 1학년 담임선생님은

"이 아이에게는 아무런 지적 능력도 기대할 수 없다."라고 썼다고
한다.

마침내 선생님은 그가 교실에 있으면 다른 아이들에게 방해가 되니
학교에 보내지 않았으면 좋겠다고 부모에게 말할 정도로 열등아였다.

다른 아이와의 『다른 점』을 중요시한다

나의 여동생은 어렸을 때 어머니로부터 "너는 추바이슈타인 이
다."라는 말을 자주 들었다.

아인슈타인의 아인은 독일어로 '1'을 의미하고, 추바이는 '2'를 말
하는 것이므로 "너는 아인슈타인의 다음으로 머리가 좋아질 것이다."
는 농담 비슷한 말이었던 것이다. 그러나 아인슈타인을 예를 들어 말
하는 진짜 이유는 아이들에게는 저마다 개성이 있으므로 어느 아이
도 획일적으로 생각하지 않고 저마다의 개성에 따라 긴 눈으로 보아
야 한다는 것이다.

바로 그것이 '유대적 교육의 어머니' 의 방식인 것이다.

유대인은 자기 자녀가 다른 아이들과 똑같이 행동하고 똑같이 배우고
스테레오타이프(고정적, 상투적인 형) 형이 되는 것을 바라지 않는다.

다른 아이들과 다르게 자라는 것이 그 아이의 장래를 위해서 좋다
고 굳게 믿고 있다.

우열을 다투게 된다면 승자는 언제나 소수이기 마련이다. 그러나 저

마다 남과 다른 능력을 갖게 된다면 모든 인간은 서로를 인정할 수 있고 공존할 수 있는 것이다.

아인슈타인은 다른 아이들과 비교를 일삼는 선생님들로부터 '바보'라는 낙인이 찍혔다.

그러나 그는 15세가 되기까지 벌써 유크리트, 뉴턴, 스피노자, 데카르트를 독파하고 있었다.

뒷날 그는

"나는 강한 지식욕을 갖고 있었다."고 술회하고 있는데, 아무도 그것을 발견하지 못했던 것이다.

만일 그가 다른 아이들과 똑같이 되어라 강요를 받았다면 그의 재능은 꽃을 피우지 못하고 말았을지도 모른다.

유대인의 어머니들은 자기 아이가 다른 아이들 하고 어디가 다른가를 찾아내서 그것을 키워 주는데 마음을 쓴다. 나는 13세가 되는 딸이 있는데 어학에 재능이 있어서 모국어인 헤브라이어는 물론이고 영어, 프랑스어, 일본어의 3개 국어를 자유롭게 이야기 한다.

그래서 자주 "너는 동시통역사가 되면 좋겠구나!"하고 말해준다.

그러나 나는 내 딸에게 "너는 어학을 잘하니 수학도 더 잘하게 되면 틀림없이 일류대학에 들어갈 것이다." 하는 소리는 결코 하지 않는다.

말을 하는 김에 말하자면 헤브라이어라는 말은 헤브라이어로는 히브리라고 하는데, '혼자서 다른 편에 서다.' 는 것이 원래의 뜻이다.

개성을 충분을 기른다는 것은 유대인의 삶의 방식 전반에 대해서도 할 수 있는 말인 것이다.

배우기 위해서는 듣기보다 말하기가 더 중요하다

02

수줍은 아이는 못 배운다

동양의 어머니들은 흔히

"댁의 아드님은 어쩌면 그렇게도 얌전하고 착할 수가 있습니까?" 하는 칭찬의 말을 한다.

그러나 그런 칭찬은 유대인들 사이에서는 없다.

만일 딸이나 아들이 그런 말을 듣게 된다면 나는 걱정이 되어 견딜 수가 없으리라.

왜냐하면 '얌전하다.'는 말은 '공부를 잘 할 수가 없다.'는 말과 거의 같은 뜻이기 때문이다.

유대인의 속담에 「수줍은 아이는 배울 수가 없다」는 말이 있다.

그렇다고 이 말이 이른바 내성적인 아이는 공부를 못한다는 뜻은 아니다.

이것은 부끄러움을 잘 타고 남의 앞에서 말도 못하고 언제나 얌전하게만 있어서는 정말 학문을 몸에 익힐 수가 없다는 뜻이다.

이것은 아이들은 무엇이고 서슴없이 물어보는 습관을 들이도록 해야 한다는 뜻이다.

러시아문제 연구가이며 러시아 혁명사의 권위자로서 세계적으로 유명한 아이자크 도이처는 폴란드 태생인데 불과 13세에 랍비가 된 천재적인 소년이었다.

그가 부모로부터 되풀이 듣고 또 들었던 충고는 「반듯하게 서서 자기의 생각을 정리하여 할 말이 정해지면 큰 소리로 분명히 말하라」는 것이었다.

그는 랍비의 자격을 얻기 위한 발표 때에 이 충고에 따라 불과 13세의 소년이면서 유대인들을 앞에 놓고 두 시간에 걸친 대 연설을 하였다.

청중은 매혹된 것처럼 조용히 듣고 있었으며 감탄한 얼굴로 고개를 끄덕이고 있었다고 한다.

그리하여 연설을 들은 약 1백 명의 랍비들이 판정을 내려 그는 랍비의 임명을 받았다.

유대인 사회에서 제일 존경을 받는 랍비가 되기 위해서는 수줍고 점잖은 것이 '덕'이 아니라 자기 생각을 분명하게 말하는 것이 '덕'이며 '조건'인 것이다.

내가 동양 사람과 이야기 하다 제일 난처한 일은 상대방과의 사이에 금방 침묵이 끼어 드는 일이다.

사실 나 자신 유대인으로서는 그다지 수다스런 편이 아니지만 그래도 동양인하고 이야기하다 보면 나 혼자 계속해서 이야기 하게 되는 경우가 많다.

나는 어려서부터 말에 의해서 배우는 것을 습관으로 살아왔기 때문에 침묵이란 배우기를 거부하는 일로 밖에 생각되지 않는다.

지식에 대한 욕구의 결여인 것이다.

분명하게 말을 한다는 것은 밖을 향해서 자기 마음을 열어 놓는 일이다.

그렇게 함으로서 다른 사람에게 "나는 배우고 싶다."는 신호를 계속 보내는 일이 되는 것이다.

말 없이 듣기만 하는 교실에서는 많은 앵무새 밖에 자라지 않아

어느 날 나는 동양인의 어머니에게
"당신은 아드님을 처음 학교로 보낼 때 뭐라고 하며 보내십니까?"
하고 물어 보았다.

그러자 그 어머니는 바로 "선생님 말씀을 잘 들어요, 하고 말하지요." 하는 것이었다.

이 말을 듣고 정말이지 무서운 일이라는 생각이 들었다.

　그리고 교실 안에서는 선생님 혼자 떠들고 여러 아이들이 말없이 듣고만 있던 광경이 떠올라 답답한 느낌이 들었다.

　이래 가지고서는 아이들이 선생님의 가르침을 일방통행식으로 듣기만 할 뿐이지 아무 의문도 갖게 되지 않으며 독창성이 없는 인간이 되는 것이다.

　유대인 식 교육은 이런 것과는 딴판으로 다르다. 유대인의 어머니는 "교실에서 자주 물어 보아요." 하고 아이들을 학교에 보낸다.

　유대인의 아이들에게 요구되는 일은 암기가 아니라 이해하는 능력이다.

교사는 학생에게 문제를 던져주고 학생은 문제를 풀며, 모르는 것은 묻고 또 물어 뿌리까지 캐서 이해시키는 것이 의무이기도 하다.

5천 년 전의 옛날부터 유대인에게 전해 내려오는 성전 『탈무드』는 이렇게 가르쳤다.

「교사는 혼자 이야기 해서는 안 된다. 만일 학생들이 말없이 듣고만 있으면 많은 앵무새를 길러내게 되기 때문이다. 교사가 말을 하면 학생들은 이것에 대해서 질문을 해야 한다. 그리하여 교사와 학생이 주고받는 말이 활발하면 할수록 교육의 효과는 오르게 된다」라고,

성전 『탈무드』가 말하는 두 가지 배우는 태도

『탈무드』에는 두 나그네의 이야기가 있는데 이것은 유대인의 배우는 태도를 상징적으로 소개하는 이야기이기도 하다.

두 사람은 배고픔을 안고 어떤 외딴집을 발견하였다. 안에 들어가 보니 집안은 아무도 없이 텅 비어 있었는데, 높은 천정에 과일이 든 바구니가 매달려 있었다. 그러나 아무리 손을 뻗어 보아도 과일에 손이 닿을 수가 없었다. 그러자 한 사내는 화를 내고 그 집을 나가 버렸다.

그러나 또 한 사내는 달랐다.

너무나 배가 고파 몸을 움직일 기운도 없었지만

'천정에 과일바구니가 매달려 있으니 누군가가 거기다 걸어 놓았음에 틀림없다.'고 판단하고 집안을 이리저리 둘러 보았다. 마침내 사다

리 하나를 찾아내서 갖다 놓고 올라가 과일 바구니를 내려 과일을 찬찬히 맛보았다는 것이다.

유대인은 언제나 후자의 방법을 모범으로 삼아왔다. 그저 자기 코앞에 갖다 주는 것이나 받아먹고, 가만히 앉아 있는 일은 어떤 경우에도 하지 않았다.

유대인의 아이들은 손에 닿지 않는 곳에 매달려 있는 과일처럼 어려운 일도 하도록 교육 받는다.

사다리를 한 계단 한 계단 오르는 것처럼 질문을 거듭하여 한 발자국씩 가까이 가라고 가르쳐 준다. 그리하여 마침내는 과일 즉, 지식에 닿게

하는 것이다. 나는 이것이야말로 배움의 참다운 모습이라고 생각한다.

유대인은 많은 발명이나 발견을 해 왔으며 언제나 지적 개척자의 지위를 지켜왔다.

그런데 그 비결은 5천 년 전의 옛날부터 이러한 교육법으로 아이들을 가르쳐 왔고 늘 교사에게 도전하고 질문을 멈추지 않는 태도를 몸에 익혀온 데에 있다고 생각한다. 그렇게 함으로서 자기 자신의 지적 체계를 꾸준히 만들어 나가게 되었고, 이것이 위대한 업적으로 이어졌던 것이다.

몸보다 머리를 쓰는
일을 가르쳐라

03

머리를 좋게 만드는 교육환경

「유대인은 머리가 좋다」는 것은 세계적으로 믿어 지고 있는 일인 것 같다.

사실 미국에서 세칭 아이비리그(동부지역 명문대학군)라고 불리는 하버드, 예일, 콜롬비아, 프린스턴 같은 일류대학에서는 교수들의 30 퍼센트가 유대인이라고 한다.

또 1905년에서 73년까지의 노벨상 수상자 3백 10명 중 유대계의 수 상자는 그 10퍼센트 이상이나 되는 43명에 이른다.

그러나 이것은 유대인이 선천적으로 우수하다는 뜻이 아니다.

왜냐하면 인종이나 민족에 따라 지능이 우월하고 열등한 차이가 있을 리가 없기 때문이다.

다만 다음과 같이 생각할 수는 있다. 즉 우리는 어려서부터 유대인답게 사는 것은 몸을 움직여 일하는 것보다는, 머리를 써서 두뇌의 기능을 충분히 발휘 하여 일하는 것이라고 늘 가르침을 주어 왔다.

또 우리가 어려서부터 하는 교육의 시스템(학교, 가정)은 우리가 늘 머리를 써서 일하도록 만들어져 있으므로 머리를 쓴다는 것은 우리로서는 매우 자연스런 일이 되어 있는 것이다. 바꾸어 말하면 우리가 자라난 환경이 모두 우리가 머리를 쓰지 않고는 못 버티게 만들어져 있는 것이다.

그 결과가 앞에 든 데이터로 나타난 것이라고 생각한다.

어려서부터 두 학교를 다닌 토케이어

나의 경우를 예로 들어보자.

나는 1936년 뉴욕에서 태어났는데 초등학교 1학년 때부터 동시에 두 학교를 다녔다. 아침 여덟시에 집을 나와 저녁 다섯 시까지는 미국의 어느 초등학교에 다녔고 이것이 끝나면 버스를 40분이나 타고 가서 또 다른 학교를 다녔다. 거기서 네 시간에 걸쳐 헤브라이어를 사용하며 유대문화의 교육을 받은 것이다.

이러한 상태는 대학에 들어가서도 마찬가지였다.

오전 아홉시에서 오후 여섯시 반까지는 다른 미국인들과 함께 어느 대학에 다녔고 그런 뒤 유대인의 대학인 예시바 대학으로 가는 것이었다.

그래서 대학을 졸업할 때 나는 두 개의 학위를 한꺼번에 받았다.

그런데 나는 공부뿐 아니라 스포츠에서도 테니스와 야구 두 가지를 잘했다.

특히 야구는 대학팀의 선수까지 되었다. 그래서 프로야구팀으로부터 입단해 달라는 요청이 들어온 적도 있다. 시카고 화이트 삭스 구단주의 손길이 뻗어와 투수로서 데려 가려고 한 것이다.

나의 손가락 모양이 보통 사람과 달랐기 때문에 스트레이트를 던져도 볼이 저절로 쳐져서 여간해서 홈런을 때릴 수 없는 구질이었다고 한다.

아까도 말한 것처럼 나는 초등학교 때부터 계속 두 학교를 다니며 머리를 최대한으로 쓰도록 길러져 왔다.

두뇌교육의 가장 완벽한 시스템을 거쳐 온 것이다. 그러므로 아무리 '황금의 손가락'을 타고 났다 한들 프로야구의 선수라는 직업은 나에게 맞지 않다고 아버지는 판단했다.

결국 나는 프로선수의 권유를 사절하고 랍비의 길로 나섰다. 「머리를 쓰라」는 것은 어느 유대인 아이나 부모로부터 늘 받는 가르침이다.

이 때문에 유대인의 어머니가 아이를 할 수 없이 때릴 때는 볼을 때릴지언정 결코 머리를 때리지는 않는다. 뇌에 무슨 장애가 생길까 하고 극단적으로 두려워하기 때문이다.

그러므로 '유대인은 머리가 좋다.'고 흔히 말하지만 선천적으로 머리가 좋다기 보다는 일상적으로 머리를 활용시키도록 가르침 받은 결과라고 할 수 있을 것이다.

이것은 다시 말하면 유대인뿐만 아니라 누구든지 이러한 환경에서 자라게 되면 높은 지적 수준의 인간으로 성장할 수가 있다는 말이다.

물고기를 잡는 법을 가르치면 일생 동안 살 수 있다

그런데 같은 머리를 쓰는 법이라 해도 지식 자체를 가르쳐 주는 것과 지식을 얻는 법을 가르치는 것은 다르다고 할 수 있다.

물론 후자의 것이 훨씬 낫다는 것은 아무도 의심하지 않으리라.

이것을 단적으로 표현하는 오랜 유대인의 속담이 있다.

「물고기를 한 마리 주면 하루를 살지만 물고기를 잡는 법을 가르치면 일생을 살 수 있다.」는 것이다.

'물고기'를 '지식'하고 바꿔 놓고 생각하면, 이 속담의 뜻을 금방 알 수 있다. 아이들에게 학문 자체를 가르치는 것이 어른의 역할이 아니다.

배우는 방법을 가르쳐 주면 이것으로 충분하다고 유대인은 생각하는 것이다.

그런데 동양에서는 학교 선생님에게 요구되는 일이란 어느 일정한 양의 지식을 아이들의 머릿속에 암기 시켜 어떻게든 시험에 들 수 있는 능력을 붙여 주는 일인 것 같다.

즉 상급 학교에 입학시키는 일에 대부분 부모의 기대가 모아지고

있는 것 같다.

이것은 물고기를 한 마리 주는 것과 같은 일이다. 합격은 할 수 있지만 그 뒤는 별 쓸모가 없게 되는 것이 아닐까? 그보다는 차라리 지식의 세계를 어떻게 자기의 것으로 삼느냐 하는 방법에 대해서 학생들을 이끌어 준다면 어떨까?

이렇게 해줄 수 있다면 학생들은 그 방법을 다른 것에도 응용할 수 있게 될 것이다.

이러한 까닭으로 유대인의 학교에서는 학생들에게 리포트를 제출시킬 때 되도록 많은 자료를 수집하라고 요구한다. 그리고 그 자료를 짜 맞추고 배열해서 자기 머리로 리포트를 만들게 한다.

리포트의 평가는 그 내용이 아니라 자료를 어떻게 다루었느냐가 포인트가 된다.

이와 같이 유대인은 모든 기회를 통해서 머리를 최대한으로 쓰도록 시스템 속에서 길러지고 있다.

지식을 못 가진 자는
아무것도 못 가진다

 04

큰일이 났을 때 기댈 수 있는 것은 지식뿐이다

유대인의 속담에 「당신이 살아 남고 싶어도 먹는 것, 마시는 것, 혹은 춤이나 일에 의해서는 살아남을 수가 없다.」라는 속담이 있다.

지혜를 가짐으로서 비로소 살아남을 수가 있다는 것이다.

역사가 시작되면서부터 늘 박해 속에 살아온 유대인으로서는 머릿속에 축적된 지식이 없었다면 아무것도 가진 것이 없었다고 할 수 있다. 가령 중세 유럽에서 유대인은 토지의 소유가 금지되었고 직업인의 조합인 '길드'에 들어갈 수도 없었다.

유대인이 가질 수 있었던 직업이란 의사와 여행뿐이었다고 할 수

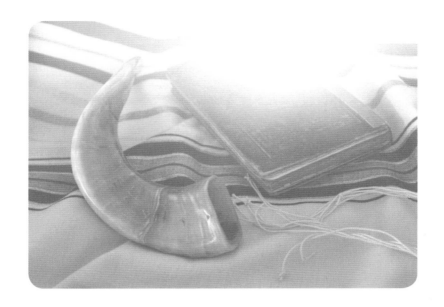

있다.

공부를 해서 의사가 되어 한 곳에 머물러 살거나 그렇지 않으면 어느 곳에 가서도 통용될 수 있는 지혜를 몸에 익혀 각지를 다니며 머리를 써서 장사를 할 수 밖에 없었다.

정말 지혜만이 기댈 수 있는 것이었다.

성전 『탈무드』속에는 유대인의 유일한 재산은 지혜라는 것을 말해주는 우화가 여러 개 나오는데 그 중의 하나를 소개하면 다음과 같다.

큰 부자들만 타고 있는 배에 랍비 한 사람이 탔다. 부자들은 자기가 지닌 재산을 비교하며 내가 더 부자니 하며 자랑하고 있었다.

그러나 랍비가

"여기서 제일 부자는 당신들이 아니라 나요. 하지만 그것을 여기서 보여 줄 수는 없소." 하고 말했다.

배가 얼마 쯤 가니까 해적이 덮쳐서 부자들이 가지고 있던 재산을 모두 빼앗아가 버렸다. 배가 항구에 닿고 이 랍비는 훌륭한 지혜를 가졌다는 것이 사람들에게 알려져서 교실을 차려 학생들을 가르쳐서 많은 부를 얻게 되었다.

한편 함께 여행했던 부자들은 모두 몰락하여 비로소 랍비가 한 말의 뜻을 깨닫게 되었다.

「지혜가 없는 자는 아무것도 없다.」는 속담처럼, 지혜가 없는 부자들은 결국 아무것도 없는 것이나 마찬가지였던 것이다.

지혜 있는 자는 모든 것을 가진다

이 이야기는 결코 우화에 그치는 이야기가 아니다. 유대인은 이 말을 믿고 모든 것을 지혜에 걸면서 행동하여 왔다. 19세기 초에 유럽의 유대인 사이에서 미국 이주의 운동이 일어났다.

그 무렵 독일의 바바리아 지방의 바이엘스톨프 마을에 패니라는 여자가 살고 있었다.

그녀는 그녀의 아이들이 어떻게든 불편한 게토(유대인 지구)의 생활에서 벗어나 미국으로 이주할 수 있게 해주고 싶다고 생각하고 있었다. 이것을 위해서 먼저 장남인 조셉을 대학에 보낼 결심을 하였다.

그러나 직공이었던 남편 데이비드는 내가 어떻게 그런 학비를 낼 수 있겠느냐고 반대 하였다. 그래서 패니는 서랍에서 금, 은과 화폐를 꺼냈다고 한다. 비상금이었던 것이다.

이 돈으로 이제 겨우 10세인 조셉은 에르랑겐 대학에 입학 할 수 있게 되었다.

대학에서 조셉은 그리스어, 영어, 프랑스어를 배웠고 이미 알고 있는 독일어, 헤브라이어 등 6개 국어에 능통하게 되었다. 조셉은 졸업한 뒤 17세의 몸으로 미국에 건너갔다. 이때 그가 가진 것이라곤, 바지 속에 어머니가 넣은 미국지폐 1백 달러 뿐이었다.

지혜가 있는 자에게 신대륙 미국은 약속의 땅이라고 모자는 생각하고 있었다.

그 뒤 그는 형제들을 불러들여 뉴욕에서 J&W셀리그먼 컴퍼니라는 은행을 창업하여 어학의 힘을 충분히 활용하여 국제 금융시장에서 명성을 얻게 되었다.

그리하여 수많은 이민자들 속에서도 'MOUNT SELIGMAN(셀리그먼 산)이라고 불릴 만큼 큰 성공을 하였다.'

어머니 패니는 조셉에게 교육이라는 '지혜'만을 가지고 신대륙에 건너가게 했던 것이다.

지혜가 있는 자는 모든 것을 가졌다는 말이 된다.

유대인은 그렇게 믿고서 아이들을 길러온 것이다.

'배움은 꿀처럼 달다'는 것을
되풀이해서 체험시켜라

05

즐거움이 없는 동양의 교육

아이들이 공부를 싫어하게 되는 책임의 대부분은 어른들에게 있다고 나는 생각한다.

이점에 대해서 말하자면 동양에서는 공부를 '하지 않으면 안 되는 것'으로, 학교나 유치원을 '가지 않으면 안 되는 곳'이라고 생각하는 것 같다.

그러므로 아이들은 자연히 공부나 학교를 '의무'라고 생각 하게 된다.

이 세상에서 의무처럼 따분한 것이 어디 있겠는가! 하는 수 없이 가는 곳이 좋아질 리가 없고, 안 하면 벌을 받는 공부가 즐거워질 까닭이 없다.

아이들이 "난 공부하기 싫어" 하고 반항하면 "안 하면 안 돼" 하고
한결같은 어른들의 대답이 돌아온다. 그래서 아이들은 더욱 더 공부
가 싫어지는 악순환이 계속되는 것이 아닐까?

우리 유대인의 눈에는 이런 일들이 참으로 기묘하게 보이는 것이다.
왜냐하면 우리는 배움이란 인간으로서, 최상의 기쁨이라고 가르침 받
아 왔기 때문이다. 스스로 길을 열며 지혜의 체계를 만드는 것이 즐거
움이 아닐 리가 없다.

동양 각국에서는 의무 교육이 실시되고 있는데, 혹시 부모들은 이 '
의무'라는 것을 잘못 알고 있는 것은 아닐까? 이것은 어른으로서 아
이들에게 교육을 받게 할 의무는 되어도 아이들이 좋은 성적을 받아
올 의무는 아닌 것이다.

꿀로 글씨를 써서 핥으며 시작하는 공부

유대인의 학교에서는 공부란 '달콤하고 즐거운 것'이라는 인상을 아
이들에게 주려고 노력한다.

이스라엘의 초등학교에서는 갓 입학한 학생들이 처음으로 선생님
과 만나는 등교 첫째 날은 공부의 '달콤함'을 아이들에게 가르쳐 주
는 날이다. 선생님은 신입생들을 앞에 놓고 헤브라이어의 알파벳 22
자의 글씨를 써 보인다.

손가락을 꿀에 담가 꿀이 묻은 손가락으로 알파벳을 쓰는 것이다. "이제부터 여러분이 배우는 것은 모두 이 22글자가 출발이 됩니다. 이 것은 꿀처럼 달고 맛있는 거예요."라고 말해준다.

또 학생 한 명 한 명에게 케이크를 주는 학교도 있다. 하얀 설탕을 덧씌운 달콤한 케이크다. 케이크 위에는 헤브라이어의 알파벳이 역시 꿀로 쓰여져 있다.

학생들은 선생님을 따라 꿀의 알파벳을 손가락 끝으로 더듬어 가 며 손가락을 빤다. 이것도 '배움이란 꿀처럼 달다.'는 것을 가르쳐 주 는 의식이다.

'공부는 하지 않으면 혼나는 싫은 것' 이라고 가르치는 어른들은 자 기의 의무감을 그대로 아이들에게 전하는 것은 아닐까? 이런 어른들 은 아이들 틈에 끼어 꿀이나 설탕을 빨아 먹으며 공부를 고쳐 할 필요 가 있을지도 모른다.

싫으면 하지 말라,
하려면 최선을 다하라

06

아이들의 장래에 관한 환상을 갖지 않는다

유대인은 아이들의 장래에 대하여 아무런 환상도 갖지 않는다. 가령 아이들에 대해서 "커서 의사가 되어라." 하는 식의 말을 하지 않는다. 물론 학문을 하는 것, 공부를 하는 것은 장려하지만 그 목적은 '의사가 되기 위해서'가 아니라, 학문 자체가 목적이지, 결코 수단이 아니기 때문이다.

또 장래의 선택은 아이들 자신의 행복에 관계되는 것이며, 부모인 우리에게는 관계가 없는 것이다.

이런 이유들로 인해서 공부 이외의 무슨 레슨이나 기능에 대해서는 전혀 강요하지 않는다.

피아노든 바이올린이든 아이들 자신이 배우고 싶다고 하면 배울 수 있게 해주고, 싫다고 하면 그 뿐인 것이다. 요컨대 '세상없어도 이것을 배워야 한다.'고 생각하는 것은 없다.

우리가 아이들에게 말할 수 있는 것은,

"싫으면 할 필요가 없다. 다만 하려면 최선을 다 해야 한다."는 말이다.

아이들이 만일 스스로 선택해서 하고 싶다고 하면 이것을 위해서 후회 없는 노력을 하도록 충고를 해준다.

이것은, 아이들의 하고 싶은 마음과 상관없이 부모가 임의적으로 결정해서 배우게 하는 일과는 전혀 다른 것이다.

레너드 번스타인은 러시아계 유대인이며 『웨스트사이드 스토리』의 영화 음악 작곡가로서 유명한 미국 음악가이다.

그의 아버지는 그가 꼭 피아노를 배우고 싶다고 간청했을 때 비로소 한 시간에 1달러의 피아노 레슨을 받는 것에 동의했다고 한다.

다음의 예도 흥미 있는 이야기이다.

엘버트 아인슈타인은 일곱 살 때부터 바이올린을 배우기 시작했다. 그러나 레슨 시간이 길고 엄했기 때문에 배우기를 싫어하게 되어 1년 만에 그만 두게 되었다. 그러나 2, 3년 후의 어느 날 그 자신이 모짜르트의 곡을 켜고 싶다고 생각하게 되고, 다시 한 번 레슨을 받기 시작하였다.

그리하여 일생동안 바이올린을 사랑하였다는 것은 유명한 이야기이다.

아이들은 자기의 능력을 밑바닥까지 추구한다

이처럼 아이들의 의사를 존중해 주면 아이들은 공부에서도 스스로 자기의 능력을 적극적으로 알아보려고 하는 좋은 에너지가 생겨나는 것 같다. 가령 어떤 유대인 아이는 10세 때 벌써 남을 능가하고 싶은 갈망을 가지게 되어 교사도 풀 수 없는 어려운 문제를 생각해 내어 선생님을 압도했다고 한다. 물론 이것은 지나치게 자기의 능력을 시험해 보고 싶어서 하는 행동이기도 하겠지만 이렇게 큰 유대인의 아이들은 부모의 희망을 받아들일 때도 자기의 의사를 말하는 것을 잊지 않는다.

그 좋은 예가 유명한 정신의학자 시그먼트이다.

그는 17세에 빈 대학에 입학하여 아버지의 희망에 따라 의학부에 들어갔다. 그러나 개업의사가 되기를 거부하고 13년 동안이나 연구실에 머무르면서 과학으로서의 의학 연구에 몰두하였다. 이러한 연구생활에서 얻은 그의 정신분석학설은 자연과학적 방법이 기초가 되었기 때문에 그때까지의 심리학 수준을 훨씬 넘어선 것이 되었다고 한다.

나는 아이들의 장래에 너무나 큰 기대를 가지거나 지나친 환상을 그리며, 아이들이 나아가는 발걸음을 잘못 디디게 하기를 바라지 않는다. 그러한 일을 하는 것은 아이들에 대한 부모의 월권행위라고 할 수 있을 것이다.

아이들 자신이 나아갈 길은 스스로 찾아 내어 자기 능력의 한도까지 나아가도록 해주는 것이 결국 최선의 결과를 얻는 길이라고 할 수 있을 것이다.

아버지의 권위는
아이들 정신의 기둥이다

07

아버지의 권위가 강한 유대인 가정

유대인 사회는 부계사회이다. 『탈무드』에서 부모 이야기가 등장한 다면 반드시 아버지가 먼저 등장하며 어머니만 나오는 이야기는 꼭 하나밖에 없다. 이 성전 탈무드에는, 부모가 둘 다 물이 마시고 싶다고 하면 물을 아버지한테 가져간다는 이야기가 나온다. 이것은 어머니한 테 가져가도 어머니는 아버지를 받들어야 하기 때문에, 결국 어머니 손에서 아버지 손으로 간다고 설명되어 있다.

이러한 까닭으로 옛날부터 아버지의 권위는 매우 강했다. 지금도 유 대인의 가정에서 아이들에게 바로 이 『탈무드』를 가르치는 사람은 아버지인 것이다.

'아버지'라는 의미의 헤브라이어에는 실은 '교사'라는 의미도 있다.

아버지의 권위는 아이들에게는 마음의 기둥이 되고 있다.

프로이트와 나란히 일컬어지고 있는 오스트리아의 심리학자 엘프레드 애들러도 아버지의 권위 아래서 잘 배울 수가 있었던 사람이다.

그는 어려서 수학을 통 못해서 낙제를 한 일이 있었다. 선생님은 그의 아버지에게

"엘프레드는 공부를 하나도 못하니 학교를 그만 두고 구둣방에나 다니게 하세요." 하고 권했다.

그러나 그의 아버지는 완강하게 그 충고를 물리치고 아들을 무리하게 학교에 다니게 했다.

그리고는 집에 돌아오면 맹렬하게 수학공부를 시켰다. 앞에서도 이야기한 것처럼 유대인의 가정에서는 아버지의 권위가 매우 강해서 엘프레드도 아버지를 따르지 않을 수 없었다. 그러다 보니 그때까지 그를 매우 괴롭히던 수학 콤플렉스는 차츰 사라져 갔다.

어느 날 선생님이 어려운 수학문제를 칠판에 쓰고 학생들에게 풀수 있느냐고 물었다. 모두 고개를 갸웃거릴 뿐 손을 못 들었다. 그러나 엘프레드만은 할 수 있다고 손을 들었다. 선생님은 열등생인 엘프레드가 할 수 있을 리가 없다고 생각했지만 하여튼 시켜보기로 하였다.

엘프레드는 비웃음을 등에 받으며 앞으로 나아가 완벽하게 문제를 풀었다. 그의 수학 성적도 학급에서 첫째가 되었다고 한다.

엘프레드는 뒷날 『열등감 학설』에 의해서 심리학의 한 체계인 『개인

심리학』을 만들고 프로이트학파와 논쟁을 벌였다. 거기에는 아버지로 부터 가르침을 받은 '분발의 정신'이 영향을 주었던 것이다.

아버지의 권위가 질서 있는 인간을 만든다

요즈음 동양 각국에서는 아버지의 권위가 없어지고 있다는 말을 자주 듣는다.

내가 아는 남성 중에도 "우리 집에서는 아이들이 내 말을 잘 듣지 않지 뭡니까? 댁의 아이들은 참 부럽군요." 하고 한탄하는 사람이 있다. 말을 듣고 보니 부인이 자기 남편을 마치 돈이나 벌어올 뿐인 '일벌'처럼 보고 있다고 한다. 부인들이 아이들 앞에서도 이러한 태도를 서슴없이 나타내기 때문에 그 결과로서 아이들에게 나쁜 영향을 미치게 되고 아버지의 권위를 떨어 뜨리고 있는 것 같다.

이러한 일은 유대인의 가정에서는 상상도 할 수 없는 일이다. 어머니는 남편을 지도자로서 존경하고 모든 최종결정권을 남편에게 맡기고 있다. 이것이 유대인의 가정에 흔들리지 않는 질서를 가져오게 하고 있다.

아이들은 언제나 이상적인 아버지상을 구하면서 인격형성을 이루어 나간다. 미국의 유대인 작가 아서 밀러의 『세일즈맨의 죽음』에는 이러한 부자관계가 농도 짙게 나타나고 있다.

이것이 미국에서는 보기 드문 '끈끈한 드라마'로 결실하여 지금도 여전히 상연되고 있다.

또 프로이트 정신 분석학설인 '아버지에 대한 애증'의 감정인 에디프스 콤플렉스의 핵심이 되는 것은 잘 알려진 일이다.

아버지의 권위가 유대인의 아이들을 정신적으로 질서가 있는 인격적인 인간으로 자라게 하는데 중요한 원천이 되고 있는 것은 틀림이 없는 일이다.

배움은 배우는 자세의
'흉내'에서 비롯된다

08

아버지가 길러낸 키신저 외교

『탈무드』에는 「돈을 빌려주는 것은 거절해도 좋으나, 책을 빌려주기를 거절해서는 안 된다」는 속담이 있다.

이것은 유대인이 얼마나 독서를 중요시 하는가를 말해주고 있다.

그런데 어느 유대 가정의 아이는 이제 다섯 살인데 가끔 아버지의 흉내를 내며 '공부하는 일'이 있다고 한다. 의자에 걸터 앉아 책상에서 천천히 두꺼운 책을 꺼내서는 이마에 주름을 잡고 페이지를 넘기며 책을 읽는다는 것이다.

물론 아이는 아직 글자를 모르기 때문에 책을 읽을 수 있을 리가 없다. 그러나 책을 읽어야 한다는 관념이 아이의 마음속에 뿌리를 깊게 내리고 있어서 이러한 행동으로 나온 것 같다.

아버지의 흉내를 내며 공부를 하는 동안에 세계 최고의 권력을 쥐기에 이른 사람이 있다.

그는 유대인으로서 처음으로 미국 국무장관의 지위에 오른 헨리 키신저이다.

키신저는 자서전에 어렸을 때 매주 아버지와 함께 공부했다고 썼다.

키신저의 아버지 루이는 지난 날 독일에서 여자고등학교의 교장선생님을 한 사람인데, 가족들이 살았던 방이 다섯인 아파트는 책으로 가득 채워져 있었다고 한다.

화려한 키신저 외교의 배경에는 키신저가 어렸을 때 보아온 아버지의 독서하는 모습이 유능한 국무장관의 밑거름이 되었을 것이다.

아이들은 아버지의 좋은 면도 나쁜 면도 흉내 낸다

배운다는 말 속에는 흉내 낸다는 뜻이 들어 있다.

배움이란 흉내에서 출발한다는 점에서 이것은 유대인의 생각하고도 같다. 그런데 동양의 나라들을 보면 아버지가 아들이 흉내낼만한 일을 그다지 하지 않는 것을 보고 놀라게 된다.

나는 때때로 일본이나 대만의 가정에 초대를 받고 한동안 머무르는 일이 있다.

그때 아버지가 책상 앞에 앉은 모습을 거의 볼 수가 없으니, 참 이상한 일이 아닐 수 없다. 아버지 전용의 책상이나 책장 조차도 없는 가정이 있다.

유대인의 눈으로 볼 때 이것은, 이해할 수 없는 일이다.

사회나 기업의 시스템이 다른 것이 원인이 되어 이런 일이 생긴 것일까? 혹은 동양의 아버지들은 교육에 관심이 없는 것일까? 혹은 회사에서 일을 하다가 돌아왔으므로 집에서까지 책상 앞에 앉을 것이 없다고 생각하는 것일까?

그러면서도 아이들에게는 공부를 하라고 성화들이니 더욱 모를 일이다.

"아무리 공부해라. 공부해라. 해도 우리 아이는 통 공부를 하지 않아 속이 상합니다."하고 그들은 투덜거린다.

그 근본적인 원인은 아이들이 어렸을 때에 흉내 낼 부친상을 갖지 못했기 때문이라고 말하면 지나친 것일까?

공부를 놓으면 20년 배운 것도
2년 만에 잊혀진다

09

돈은 안 빌려 줘도 책은 빌려줘라

유대인 사이에는 '현인'이란 것이 없다.

'현명하게 배우는 사람'이 있을 뿐이다.

「사람은 일생동안 배우도록 만들어져 있다」는 것이 유대인이 가진 기본적인 생각이고 신념이기도 하다. 아무리 지혜가 있는 사람이라도 배우는 일을 그만 두는 것은 용납되지 않는다. 배우기를 그만둔 순간 부터 지금까지 배운 것을 모두 잊게 된다고 유대인은 생각하고 있다.

「20년 동안 배운 것도 2년 만에 잊어 먹는다.」는 충고를 잘 하는 것도 그 때문이다. 바꾸어 말하면 사람에게는 '현명한 사람'과 '어리석

은 사람'의 구별이 있는 것이 아니라, '배우는 사람'과 '안 배우는 사람'의 구별이 있을 뿐이라고 할 수 있다. 그리하여 '안 배우는 사람'은 '사람'이 아닌 것으로 되어 있다.

구약성서에 「애써 이것을 너희 아이들에게 가르쳐 너희가 집에 앉아 있을 때도 길을 걸을 때도 잠들어 있을 때도 이것에 대해서 말해야 한다.」(신명기 6장 2절)고 쓰여 있다.

이 말 속의 '애써'라는 말은 헤브라이어로는 '조각을 세기 듯이'라는 뜻으로서 더욱 강하게 교육의 필요성을 호소하는 말이 되고 있다.

아이들의 마음에 새기듯이 가르치기 위해서는 부모 자신이 배우기를 멈춰서는 안 된다.

유대인의 오랜 전통에 의하면 신을 공경한다는 것은 배운다는 것과 완전히 같은 의미이다. 교회에 모이는 사람들로서는 예배란 신에 기도하는 행위 일뿐만 아니라 『토라』(구약성경서 권두의 5서)를 배우는 것이 가장 중요한 포인트였다.

이렇게 날마다 배움에 힘씀으로서 비로소 부모는 자녀의 교사일 수가 있는 것이다.

『탈무드』 속에서 유대인은 옛날부터 '책의 민족'이라고 불리고 있다. 『탈무드』에 「돈은 빌려 주기를 거절해도 좋으나 책을 빌려주기를 거절해서는 안 된다.」는 말이 이것을 상징하고 있다.

유대인이 다른 민족으로부터 박해를 받은 것도 그 근본적인 이유를 말하자면, 유대인이 책으로 새로운 지혜를 획득하여 정의를 강하게 주장하지 않을까 하는 두려움 때문이었다.

『탈무드』 율법이 말하는 것처럼 책은 만인의 공유물이며, 만인은 배움의 의무를 가지고 있다.

한 권 읽고 나면 파티가 열리는 성전 『탈무드』

이 '책의 민족'의 전통은 유대인이 사는 곳이면 어디에서나 볼 수 있는 독특한 전통이다.

가령 유대인 비즈니스맨을 놓고 보면 아침에 출근전차 속에서 『탈무드』를 공부하고 저녁에 집에 돌아오는 퇴근전차에서 또한 『탈무드』를 공부한다. 안식일에는 몇 시간이나 『탈무드』에 골몰하는 사람도 많다.

일생동안 읽어도 다 못 읽을 『탈무드』이므로 한 권만 다 읽는 것도 유대인으로서는 다시 없는 기쁨이다. 그래서 한 권을 배우고 나면 친족이나 친구들을 불러 축하의 파티를 연다.

유대인은 이렇게 일생 동안 학문에 대한 열정을 가지는 것을 큰 자랑으로 삼고 있다.

이러한 환경 속에서 자라난 나는, 동양인이 학교를 마치고 나면 배움을 그만 두어 버리고 손에 드는 책이란 겨우 주간지 정도라는 말을 들을 때 참 이상한 일이라는 생각이 든다.

아직 재학 중인 대학생도 어려운 시험을 통과하여 입학을 하고 나면, 공부에 대한 의욕을 잃어 버리고 여가나 스포츠로 4년의 세월을 보내는 사람이 많다는 이야기도 듣고 있다.

동양에서의 배움이란 직업이나 결혼을 위한 경력 정도로 생각하고 있는 것은 아닐까? 이렇게 해서 어머니가 되고 아버지가 되고 나면 삼십년을 학교에서 배운 것을 완전히 잊어버리고 마치 학문하고는 인연이 없는 사람처럼 되어 버린다.

이러한 부모들이 자녀 교육을 위해서 열정적인 것은 참 웃기는 일이 아닐 수 없다.

배움과 인연이 없는 생활을 계속하는 부모가 아이들에게 장차 사람으로서 살아가는 모델이 될 수 있다고는 도저히 생각할 수 없다.

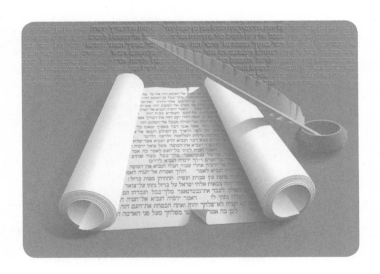

독특한 재능을 기르는 데는
어머니의 과보호가 필요하다

10

과보호가 꼭 잘못은 아니다

유대인의 속담에 「신은 언제 어디서나 있을 수가 없다. 그래서 신은
어머니를 만들었다」는 말이 있다.

아버지가 집안의 지도자인 것은 틀림없다.

그러나 어머니의 애정은 아이에게는 신처럼 절대적인 것으로 되어
있다. 때로는 너무나 어머니의 애정이 지나쳐서 'JEWISH MOTHER'(
유대인 어머니) 라는 말이 과보호의 어머니라는 뜻으로 자주 쓰이는
경우가 있다.

랍비 요셉은 이러한 어머니에 의해서 길러 졌는데, 자기 어머니가

가까이 오는 발소리를 들으면 얼른 일어서서 「성령이 다가오고 있다. 일어서야 한다.」고 말했다는 기록이 『탈무드』에도 남아 있다.

일반적으로 과보호는 아이를 망친다고 믿어 지고 있다. 응석을 부리는 아이를 보면 "엄마가 너무 응석을 받아주기 때문이다."는 비판이 나오기도 한다.

아닌 게 아니라 이것은 한편으로는 맞는 말일 수가 있다.

하지만 과보호가 꼭 아이를 망친다고 유대인은 생각하지 않는다.

거꾸로 과보호가 아이들의 독창적인 재능을 꽃피운 예를 우리는 많이 가지고 있다.

가령 프랑스의 유대계 작가 마르셀 프르스트는 세상의 일반적 눈으로 보면 매우 응석받이로 자랐다.

어려서 어머니가 며칠 집을 비우면 울고 불고 떼를 썼다고 한다.

13, 14세 무렵에

"너에게 가장 비참한 일은?"

하고 물으면,

"어머니와 떨어지는 일"

이라고 대답 하였다고 한다.

어른이 되고 33세가 되어서도 어머니에게 보내는 편지를 보면

"그립고 그리운 어머니"라는 말로 시작이 된다.

그리고 하루에 두 세 번이나 어머니에게 전화를 거는 일도 드물지 않았다.

당시 그가 어머니에게 보낸 편지의 내용을 보면

"어머니와 나는 언제나 영적으로 이어져 있으며, 서로 곁에 있건 멀리 있건 항상 마음이 가깝게 오가고 옆에 마주 앉아 있는 느낌이 듭니다."라고 쓰여 있다.

마치 연인에게 보내는 러브레터 같은 분위기의 내용이다.

그러나 연인만큼 친밀하게 대해 왔던 그 영향으로 프르스트는 여느 아이들과는 다른 감정을 몸에 지니며 자라난 것 같다. 대학 예비학교인 리세를 다니면서도 장난꾸러기 급우들과는 어울리지도 않았으며 계집아이 같다는 말을 듣고 있었다.

이러한 것들은 어머니로부터 이어받은 문학적인 소양과 결부되어 뒷날 마침내 『잃어버린 시간을 찾아서』 같은 명작으로 결정된 것이라고 생각된다.

분명히 다른 사람과는 다르게 자라났고, 세상 일반의 상식으로 보면 상당히 이상한 존재였다고는 하나 어머니의 애정이 프르스트의 내면에 있는 독특한 재능을 창조적으로 이끌어 내었던 것이다.

과보호에서 나온 위인들

프르스트뿐 아니라 아인슈타인도 프로이트도 어머니의 '열렬한 애정' 속에서 자라난 것은 잘 알려진 사실이다.

꿈의 분석으로 유명한 프로이트는 어려서 무서운 부리를 가진 기묘한 새같이 생긴 사내들이 덤비며 침대에 누워 있는 어머니를 죽이려는 꿈을 꾸었다고 회상하고 있다.

프로이트도 이상인격이었는지는 모르겠지만, 그의 위대한 업적의 그늘에는 역시 어머니에 대한 사랑이 있었던 것 같다.

어머니의 애정과다는 분명히 아이들의 정신의 균형을 깨고 다른 사람들과 순조롭게 사귈 줄 모르는 아이를 만든다고도 할 수 있다.

그러나 반대로 어머니의 애정과다가 그 아이의 독특한 재능을 최대한 빨리 뻗어나가게 해서 독창적인 인격의 인간을 형성하는 것도 사실인 것 같다.

개성을 무엇보다도 중요하게 여기는 유대의 어머니들로서는 다른 아이와 똑같은 아이로 기르기보다 두드러지게 다른 아이가 되기를 더 바란다고 할 수 있다. 그렇다고 해서 과보호를 권할 수는 없지만, 아이들에 대한 애정을 갖는 것은 결코 나쁜 일이 아니라고 나는 생각하고 있다.

JEWISH MOTHER 의 특이한 일면이 특이한 재능을 꽃피웠다고 할 수 있다.

형제의 머리를 비교하면 양쪽을 죽이나 개성의 비교는 양쪽을 살린다

키신저 형제의 건강한 라이벌 의식

유대인은 형제나 자매를 전혀 다른 인격으로서 기른다.

그러므로 형과 동생을 비교하는 일은 절대로 하지 않는다. 가령 동생에 대해서 "형은 저렇게 공부를 잘 하는데 너는 뭐냐?" 하고 머리의 좋고 나쁜 걸로 차별하는 일은 한 번도 없다. 왜냐하면 그것은 동생에게 자기 힘에 넘치는 어쩔 수 없는 사실을 강요하는 일이며, 그렇다고 해서 동생의 성적이 오를 리도 없기 때문이다. 기껏 동생을 실망시킬 뿐이고 형과 다른 개성의 인간으로 자라날 싹을 잘라 버리는 결과가 된다.

즉 형제를 하나의 능력으로 비교하는 것 예를 들면, 학교성적만으로

비교하는 것은 해는 있을지언정 아무 이익도 없는 일이다.

헨리 키신저는 "어렸을 때 형과 나는 라이벌이었죠. 그러나 그다지 큰 경쟁관계는 아니었어요. 둘 다 하는 일도 다르고 성격도 달랐거든요." 하고 술회한다.

헨리와 워터는 유대인의 부모에게 다른 인격으로서 취급되었던 것이었다.

워터는 동생이 국무장관을 하던 때에도 동생에 대해서 열등감을 가지기는커녕 "신문은 헨리만 쫓아다니지 말고 내 성공담 좀 실어야 할게 아닌가." 하고 건강한 의식을 나타내고 있었다고 한다.

형제라 하더라도 어디까지나 다른 개인이라는 사고방식을 유대인은 수천 년 전 옛날부터 가지고 있었던 것이다.

구약성서는 「아버지를 아들 때문에 죽여서는 안 된다. 아들을 아버지 때문에 죽여서도 안 된다. 저마다 자기의 죄에 따라서 처벌 받아야 한다.」(신명기 제24장 16절)
하고 가르치고 있다.

고대에는 가족 중의 하나가 죄를 지으면 가족 전체가 벌을 받았다.

그러나 그 당시에도 유대인만은 개인의 책임을 분명히 하고 경계를 긋고, 아무리 한 가족이라 할지라도 개인이 앞선다고 주장했던 것이다.

『형제가 함께』 가서는 서로의 성장이 없다

유대인의 부모가 아이들을 대할 때 가장 관심을 기울이는 점은 아이들 사이의 '능력차'가 아니라 '개인차'이다.

비교보다는 저마다 아이들의 개성을 발전시키는 것을 더 중요시한다. 그러므로 유대인은 아이들이 친구네 집에 놀러 갈 때도 결코 형제를 함께 보내지 않는다.

형제의 개성은 전혀 다르기 때문에 같은 장소에 가 보아도 의미가 없으며, 따로 따로 가서 제 각기 다른 세계를 경험하고 돌아오는 것이 훨씬 낫다고 생각하기 때문이다.

유대인의 형제 자매가 사이가 좋다는 것은 잘 알려진 일이다. 이것은 부모가 이렇게 차별을 하지 않고 대함으로서 형제 자매 사이가 긴장과 경쟁이 아닌, 자유롭고 자발적인 것이 되기 때문이다.

유대계의 유명한 사람들 중에서 음악가 레너드 번스타인이 잡지의 편집자인 형제 셀리, 버튼과 계속 친밀한 접촉을 가졌다는 것은 유명한 이야기다.

우리는 아이들이 저마다의 개성에 따라서 성장하고 서로를 아끼는 관계가 일생동안 지속하기를 바라고 있는 것이다.

여러 나라 말을 익히는 것을
어릴 때부터 습관 들여라

동양인은 왜 외국인에 약한가?

내 지인은 가끔 일본인의 이름을 쓰면서 일본인 친구에게 전화를 거는 장난을 친다고 한다.

상대방은 전혀 유대인인 줄 모르고 전화를 마치는 일이 자주 있다고 한다. 그의 일본 말은 일본인의 발음과 그다지 다르지 않기 때문에 얼굴을 안 보면 일본인인 줄 알게 된다.

보통 외국인이 일본 말을 하면 아무래도 외국인 액센트를 없앨 수가 없다. 그러나 그는 다섯 나라의 언어를 말하는 가정에서 자라났기 때문에 어릴 때부터 다른 언어에 귀가 익숙해져 일본어도 상당히 자유롭게 구사할 수 있게 되었다고 한다. 그 사람 뿐 아니라 유대인으로 둘 이상의 언어를 말하지 못하는 사람은 거의 없다.

유대인은 세계 도처에 살며, 박해에 쫓겨 각지를 방랑해야 할 운명에 있었다. 그래서 필요에 따라 언어를 습득하였다. 더구나 숙부나 숙모 같은 친척이 가족의 일원으로서 늘 집안에 드나들고 있기 때문에 유대인은 어릴 때부터 몇 개의 언어를 사용하면서 자라나게 된다. 그래서 저절로 유능한 '언어학자'로 자라나게 되는 것이다. 동양 여러 나라에서는 중학교 때부터 영어가 필수과목으로 되어 있다고 한다. 그런데도 나는 영어를 자유롭게 구사하는 동양인을 좀처럼 만날 수가 없다. 이것은 영어를 배우는 시기가 너무 늦기 때문이 아닐까?

언어는 될 수 있으면 어릴 때부터 배우게 해야 한다고 나는 생각한다. 그렇다고 해서 아기에게 영어회화를 시키자는 것은 아니다. 이야기를 할 수 있게 되기 전에, 음악을 듣는 것처럼 외국어를 귀로 듣게 해 주자는 것이다. 언어는 말하기보다 듣고 이해하는 것이 앞서기 때문이다.

유대인은 특수한 사정 속에서 살아오기는 하였지만 그 영향으로 여러 개의 외국어를 귀로 들어왔다. 그 결과 누구나가 몇 개의 언어를 자유롭게 말할 수 있게 된 것이다.

내가 이 책을 쓰는 것을 도와준 멘델 토케이어씨는 모국어인 헤브라이어는 물론 아라비아어와 영어를 자유롭게 말한다. 그녀의 아버지는 지금 이스라엘에서 채소가게를 운영하고 있는데, 헤브라이어, 아라비아어, 영어를 말할 수 있다. 그녀의 남편인 토케이어씨는 영어, 헤브라이어, 스페인어, 아르메니아어, 미디쉬어(독일어와 헤브라이어 등의

혼성어)를 말하고 프랑스어도 말한다.

나의 아내도 미디쉬어를 말하므로 아이들이 듣기를 바라지 않는 이
야기를 할 때는 미디쉬어로 이야기 한다.

어학의 불편을 모르던 프로이트

근대 심리학의 아버지인 지그문트 프로이트도 유대인인데, 그도 역
시 여러 나라 언어에 능숙했다고 한다. 라틴어, 그리스어, 프랑스어, 독
일어를 말하는데 아무런 불편을 느끼지 않았다고 한다.

전기 작가 라셀 베이커가 쓴 『프로이트, 그 사상과 생애』를 보면 이제 겨우 10세 정도인 프로이트가 라틴어의 어미변화나 그리스어의 문법을 외우며 벽을 두드리고 방안을 다녔다는 에피소드가 전해지고 있다.

이 에피소드로 프로이트가 초등학교 때부터 그리스어와 라틴어를 배웠다는 것을 알 수 있다. 유대인은 어려서부터 여러 나라 말에 접촉함으로서 한 가지 언어만 쓰는 사람들보다 언어능력이 훨씬 풍부하다. 발음도 하나의 국어에 묶이지 않고 있으므로 원어에 가까운 발음을 마스터 할 수 있게 된다.

아마 프로이트도 이러한 환경에서 자라났기 때문에 모국어가 아닌 라틴어나 그리스어도 어렵지 않게 익힐 수 있게 되었으리라. 동양의 언어는 유럽의 언어와 구조가 크게 다르다.

우리 헤브라이어도 유럽의 언어와는 구조가 크게 다르다. 그래서 유대인도 중학생이 되어서 비로소 외국어를 배우기 시작한다면 영어를 배우는 데 틀림없이 동양인과 똑같은 곤란을 겪게 되리라.

어쨌든 나의 체험으로 말하건대 어렸을 때 외국어를 한 번이라도 접촉한 일이 있었느냐 없었느냐 하는 것은, 성장하고 나서 외국어를 공부하는 데 큰 차이를 준다고 생각한다.

이야기나 우화의 교훈은
아이들 자신이 생각하게 하라

13

우화는 지식의 보물창고이다

아마 유대인만큼 이야기를 좋아하는 민족도 흔치 않으리라. 알다시피 구약성서는 웅장한 이야기의 보고이다.

『탈무드』는 기원전 5백년에서 기원후 5백년에 걸쳐 입에서 입으로 전해지던 이야기들을 2천명이나 되는 학자가 모여서 편찬한 1만 2천 페이지에 이르는 책이다. 이것은 일생을 두고 읽어도 다 읽을 수 없는 책이다. 그런데 유대인은 더욱 새 이야기를 창작해서, 남에게 이야기 하는 것을 '취미'로 삼고 있다.

이와 같이 이야기를 좋아하는 유대인의 부모가 아이들에게 들려주는 이야기는 반드시 교훈이 들어 있는 이야기이다. 아이들은 부모의 이야기를 들으면서 머리를 써서 그 교훈을 알아내는 노력을 해야 한다.

우리 집에서도 아내가 딸과 아들에게 우화를 들려주면서 거기에서 아이들 나름의 노력으로 교훈을 끌어 내도록 하고 있다.

이야기를 많이 제공해 주는 『탈무드』에는 사고력을 기르기 위해 만들어진 이야기가 많이 있다. 가령 유대민족에 대해서 이야기할 때 잘 쓰이는 『머리가 둘인 아기』의 이야기를 예로 들어보자.

"만일 머리가 둘 있는 아기가 태어났다면 이 아기는 한 사람인가? 두 사람인가?" 하고 묻는 것이다. 이것에 대해서 아이들은 갖가지 대답을 하면서 사고력을 기른다.

『탈무드』의 답은 간단하다. "만일 뜨거운 물을 한쪽 머리에 들이부어서 둘이 다 소리를 지르면 한 사람이고, 한쪽만 소리를 지르면 두 사람이다."라는 것이다.

이것만 가지고 이것은 하나의 우스개 이야기로 들릴지도 모른다. 그러나 결코 그렇지가 않다. 여기에서 다음과 같은 교훈을 끌어낼 수가 있는 것이다. 유대인의 한 랍비는 "이스라엘의 유대인이 박해를 받거나 또는 세계 여러 곳에 사는 유대인이 괴로움을 받을 때 자기도 아픔을 느끼고 소리를 지르면 그 사람은 유대인이고 그렇지 않으면 유대인이 아니다."라고 말했다. 이처럼 에피소드를 통해서 교훈을 이끌어내면 머리를 쓰는 훈련을 할 수 있고, 다시 그 교훈이 마음에 깊이 스며들게 하는 효과도 낼 수가 있는 것이다.

이야기의 해석은 한 가지 뿐이 아니다

성서의 이야기 중에서도 자주 인용되는 이야기가 『창세기』의 첫 부분 이야기이다. 하나님이 천지를 창조한 엿새 동안 하나님은 어느 날에나 하루가 끝나면 '좋다고 하시니라.' 하고 쓰여 있다. 그러나 둘째 날만은 이것이 없다. 하나님이 바다와 땅을 나누는 작업이 셋째 날까지 밀렸기 때문이다.

그 이유에 대해서 랍비들은 여러 가지 해석을 내리고 있다.

그 첫 해석은 '나눈다.'는 것은 천지창조에는 필요한 일이었지만 일반적으로 '분열'을 의미하고 바람직하지 않았다는 것이다. 그러나 다른 랍비는 반론을 폈다. 그렇다면 왜 빛과 어둠을 나눈 첫째 날은 '좋았다고 하셨다.'고 기록 되어 있느냐는 것이다.

"아니 빛과 어둠은 이질적이므로, 동질적인 물을 나눈 둘째 날과 다르다."는 의견이 나오고 있다. 둘째 날에 하나님은 하늘 위쪽의 물과 아래쪽의 물을 나누었던 것이다. 이것에 대해서 "해는 밤에는 절대 볼 수 없으나 달은 낮에도 가끔 나타나는 것은 왜 그러냐?" 하고 되묻는 랍비도 있다.

논의는 더욱 계속 된다.

「하나님은 해와 달을 만들었다. 달은 한 세계에 위대한 빛이 두 개나 필요 없다고 하나님께 말했다. 하나님의 지혜를 의심한 달은 그 벌로써 빛이 약해지고 작아졌다. 그러나 하나님은 달에도 역할이 있는 것을 인정하고 그 보상으로서 해는 밤에 절대로 나올 수 없지만, 달은 낮에도 가끔 나올 수 있게 해주었다.」는 결론이 나오고 있다.

아이들은 이러한 토론의 전개를 이끌어 가면서 스스로 줄거리를 세워 생각하는 방법을 배우게 되는 것이다. 유대인의 이야기나 우화는 꼭 한 가지 답만을 끌어내는 데 의미가 있는 것이 아니다. 이야기나 우화를 여러 가지 방식으로 생각을 하는 그 과정이야말로 중요하다.

동양의 여러 나라에도 저마다 전통적인 갖가지 이야기가 많다고 들었다. 성서나 『탈무드』의 경우와 마찬가지로 동양의 이야기에도 여러 가지 깊은 뜻이 포함되어 있을 것이다. 만일 어른이 그 해석을 하나로 한정시켜 아이들에게 강요한다면 아이들의 머리를 개발 할 수 있는 아까운 기회를 빼앗아 버리는 일이 되고 말것이다.

유대의 어머니는
교육 환경의 어머니이다

14

유대의 어머니는 교육 환경의 어머니

유대의 어머니는 '교육의 어머니' 임에는 틀림없다. 그러나 흔히 소문을 듣게 되는 치맛바람 어머니가 아니고, 극성스럽게 아이들에게 공부를 시키는 열성파 어머니도 아니다.

아이들의 지능지수를 걱정하거나 영재교육의 방식으로 아이들을 키우려고도 생각하지 않는다.

교육에 열심인 어머니를 '교육적인 어머니'라고 부른다면 유대의 어머니는 차라리 '교육환경적인 어머니'이다. 유대의 어머니는 아이들의 지적인 성장을 돕는 환경을 정비하여 그곳에서 아이들이 자유롭게 자라나게 하는데 세심한 주의를 기울인다.

유아교육의 환경 중에서도 가장 중요한 것이 장난감이다.

유대의 어머니들은 무슨 장난감을 줄 때 언제나 교육적 배려를 꼭 하면서 준다. 그렇다고 해서 유대의 어머니가 이른바 '교육완구' 즉 학교의 공부에 직결하는 장난감을 주는 것은 아니다. 아무리 가까이에 있는 하찮은 장난감이나 도구라 할지라도 선택하는 방법에 따라 눈부신 지적 자극을 이끌어 내기 때문이다.

장난감은 특히 1세에서 2세 사이의 어린 아이들에게 여러 가지 감각자극을 주고 운동신경을 활발하게 해주는데 없어서는 안 될 도구이다. 그래서 유대의 어머니는 마음과 머리의 성장을 촉진하는 면을 중요시하고서 선택하는 것이다. 유대의 어머니가 조상 대대로 어떠한 장난감을 선택하였는지 예를 들어 보기로 하자.

쌓기 나무 - 모서리를 부드럽게 다듬은 매끄러운 나무쪽이 좋다. 그 모양은 삼각형, 정사각형 등 기본적인 패턴을 고루 갖추는 것이 조건이다.

로크박스 - 열쇠나 자물쇠로 뚜껑을 잠그는 장난감

플래시라이트

간단한 리듬악기- 벨, 트라이앵글, 탬버린, 드럼, 심벌즈, 목금 따위 분해할 수 있거나 올라탈 수 있는 장난감

소꿉 장난용의 모자 - 아이들이 여러 가지 역할을 할 수 있게 세트로 되어 있는 것이 좋다.

커다란 자석

숫자풀이 퍼즐 판

장난감 집 - 완성품이 아니라 재료의 한 벌

아이들이 조작할 수 있는 레코드

주머니 - 엿이며 나무 열매를 넣는다.

농장 장난감 - 동물을 포함한다.

이 밖에도 여러 가지가 있으나 이상과 같은 것이 아이들에게 유익한 것이다.

3세 이상은 어른 흉내를 내는 장난감

3세에서 6세가량의 아이들에게는 감각자극이나 운동신경의 자극보다도 지적 자극이 선택의 중심 테마가 된다고 생각한다.

우리가 이 나이의 아이들에게 주는 장난감의 예로는 다음과 같다.

쌓기 나무 - 장소가 허락하는 한 큰 것을 사다준다.

어른을 흉내 내는 장난감- 유대인 아이들은 어른을 흉내 내면서 더
욱 많은 일을 배울 수 있다고 생각하므
로 특히 이런 종류의 장난감은 중요하다.
의사, 간호부 장난감, 돈 놀이 장난감, 대

목 연장, 원예 장난감 등이 있다. 위험하
지 않은 것이라면 가게에서 파는 장난감
이 아니라 실제로 어른이 사용하는 것이
나, 사용하다 낡은 것을 장난감으로 준다.
그림과 조각 도구 - 크레용, 핑거페인트, 색연필, 분필, 찰흙, 종이(
색, 크기 등을 다채롭게 갖춘다.) 등
악기- 플레이어, 드럼 등 2세 이하 때 준 것도 계속 사용한다.
연극용 소도구- 의상, 마스크, 손가락 인형, 가발, 가게 놀이 장난감
손가락을 쓸 수 있는 게임 - 주사위, 퍼즐, 도미노, 간단한 게임 판 등
사랑하는 것을 가르치는 장난감 - 아기인형, 인형을 싸주는 조각 등

물론 여기에 예시한 모든 것을 줄 수는 없다. 그러나 우리는 아이
들에게 장난감을 사줄 때에 어느 한쪽에 치우치지 않고 모든 방면에
자극이 되도록, 그때마다 주는 장난감의 종류를 바꾸도록 배려한다.

잠들기 전에 책을 읽어주는 것은
지적 교육의 하나이다

책을 읽어주면 아이들은 편안하게 잠든다.

　유대인의 어머니로서 가장 중요한 시간은 아이들을 침대에 눕혀 주고 그 옆에 있어 주는 짧은 시간이다. 아이들이 잠 들 때까지 옆에서 함께 있어 주는 것이다. 그 시간은 아이들에게도 중요한 시간이다.
　낮에 아이들이 아무리 꾸지람을 들어도 또 식탁에서의 매너가 안 좋다고 아버지로부터 엄한 주의를 받아도 일단 침대에 들어가면 될수록 따뜻한 마음으로 대해 주는 것이다. 아이들이 덮은 담요 위에 손을 놓고 「내일이면 모든 걱정이 깨끗이 사라져요.」 하고 말해주는 것이다. 이것은 아이들이 잠자리에 불안이나 걱정의 씨를 가지고 들어가지 않게 하기 위해서이다. 아이들의 하루의 끝이 편안하고 내일도 무사하기를 바라는 옛날부터의 습관이다.

아이들이 잠들기까지의 짧은 시간 동안 책을 읽어 주는 것은 어머니가 아이들에게 직접 주는 지적 교육의 하나이다.

유대인의 전통에 따라 어머니가 읽어주는 책은 대개 구약성서다. 물론 이것은 아이들이 이해할 수 없는 대목도 많다. 그러므로 이것을 쉬운 이야기로 만들어서 읽어주는 것이다. 이 성서의 이야기 중에서 아이들이 제일 좋아하는 것이 영웅들의 이야기이다. 모세가 이집트를 빠져나온 이야기, 다윗 왕과 거인 골리앗의 이야기는 아이들이 아주 열중 하는 이야기이다. 몇 천 년의 먼 역사를 한꺼번에 거슬러 올라가 마치 자기가 거기에 있는 것처럼 상상력이 발휘된다. 그리고 이것은 어머니의 '베갯머리 이야기'와 함께 아이들에게 풍부한 상상력을 심어주게 된다.

세계적으로 유명한 유대인 중에는 어려서 들은 성서 이야기를 회상하는 사람이 많다. 그들은 잠자리에서 『출애굽기』를 몇 번이고 들었던 일을 회상하기도 한다. 마치 그때 그 어머니의 상상력이 자신들에게 옮겨진 것 같았다고 말하는 것이다.

「홍해의 대기며 바다의 향기가 산들바람이 되어 불어왔다. 우리는 구름 기둥을 앞으로 나아가게 한 미풍의 부드러운 감촉을 피부로 느끼며 이야기를 들었다.」고 회상한 사람도 있다.

잠들기 전에 책을 읽어주는 것은 학교 교육을 보강해 주는 의미도 있다.

많은 시인 작가를 낳은 베갯머리 이야기

또 이렇게 성서의 영웅담을 듣고 흥분하게 되면 뒷날까지도 이것이 풍부한 상상력의 원천이 되어 훌륭한 시인이나 작가를 낳는 계기가 된다. 유대인 중에는 이름난 문학가도 많다. 시인 하이네를 비롯하여 작가인 프란츠 카프카, 토마스만 등 상상력을 구사하는 인물이 많은 이유도 여기에서 연유된다. 하이네는 영웅 나폴레옹을 찬미하다가 걸작을 낳게 되었고, 토마스만은 몇 줄의 성서 구절에서 아이디어를 얻어서 장편소설을 썼다고 한다.

어머니의 '베드 사이드 스토리'(베갯머리 이야기)는 3, 4세의 어린 아이들에게 정해진 시간에 잠자리에 들어가는 좋은 습관도 붙이는 계기가 된다. 잠자리에 들어가면 어머니가 재미있는 책을 읽어주게 된다면 텔레비전에 달라붙어서, 자려고 하지 않는 나쁜 습관은 저절로 고쳐지게 될 것이다.

또 저녁마다 책을 통해서 어머니와 아들이 커뮤니케이션을 가지는 습관을 들여 놓는다면 커서도 이야기하는 따뜻한 모자관계가 유지된다.

아이도 크면 어머니와 마주보며 이야기 하는 것이 지극히 자연스런 관계로 발전 되어 갈 것이다. 말하자면 베드 사이드 스토리에서 모자 간의 신뢰 관계의 기반이 다져진다고 하겠다.

2장

『精』을
기른다

오른손으로 아이를 벌주면
왼손으로 안아주라

16

아이를 따뜻하게 안아주는 것은 최고의 사랑

가정에서 아이들에게 벌을 주는 것은 아이들이 성장하는 것을 돕는 좋은 수단이다.

구약성서에 「아이를 그 가야 할 길에 따라서 가르쳐라. 그리하면 나이가 들어도 그것을 떠나지 않으리라.」(잠언 제 22장 6절)하고 쓰여 있다.

아이를 '그 가야 할 길'에 나아가게 하기 위해서 벌을 주는 것이다.

벌은 한편으론 애정의 표현이 따라야 한다. 벌로서 끝나 버리면 부모는 권위에 의해서 아이들을 지배하게 되고, 아이들은 그 개성을 자유롭게 나타낼 수 없게 되어 도리어 위축 되어 버릴 것이다.

「오른손으로 벌을 주면 왼손으로 안아주라.」는 유대인의 오랜 속담은 벌에는 애정이 따라야 한다는 것을 뜻하는 말이다. 그리고 이 속담대로 유대인은 무슨 도구를 써서 아이들을 때리는 잔인한 일을 하지 않고 흔히 손으로 두들긴다.

또 쓰다듬어 안는다는 행위는 유대인으로서 최고의 사랑표현이다.

이스라엘에는 농업생산을 축으로 삼는 집단적 지역사회인 키부츠라는 생활체가 있다는 것은 잘 알려진 일이다. 이스라엘 국가의 탄생을 위해서 이 키부츠가 맡았던 역할은 매우 컸다. 그래서 동양의 젊은이들도 키부츠를 구경하러 이스라엘까지 오는 이들도 있다.

이 키부츠에서는 독특한 육아 방법이 행해지고 있다. 아이들을 돌보는 것은 부모가 아니가 '메타페레트'라고 불리는 훈련받은 여성 육아부이다. 그래서 어린아이들은 부모의 집에서 지내는 것이 아니라 '아이들의 집'에서 협동생활을 보내는 것이다.

그러나 하루 중에서 오후 4시 무렵부터 취침하기까지는 아이들이 친부모의 집에서 지낸다. 아직 걷지 못하는 아이들은 부모가 데리러 온다. 그때 '아이들의 집'의 놀이터에 아이들을 맞이하러 온 어머니가 먼저 아이들을 올려 안아 주는 광경을 볼 수 있다.

어머니는 아이들을 안아 올리면서 아이들이 생활하고 있는 방에 들어간다. 그리고 한 손으로 서랍을 열어 옷이며 기저귀를 꺼낸다. 어느 부부나 이렇게 한다.

때리는 것은 좋으나 그것만으로는 안 된다

지그먼트 프로이트의 전기를 읽으면 그의 어머니는 그를 안고 그의 별명인 '우리 꼬마 무어인'이라고 부르는 것이 버릇이라고 했다. 오른 손으로 때리고 왼손으로 꼭 안아 주는 것은 유대인의 어머니가 아이들 버릇을 들일 때의 태도를 상징한다.

동양의 가정에서도 아이들을 때리는 일이 많다고 한다. 그때 때리고만 마는 것이 아니라, 반드시 다른 손으로 안아주는 것을 잊지 않았으면 한다.

아이들을 혼내준 날에도
재울 때는 따듯하게 하라

 17

나쁜 감정이 꿈에 들지 않도록 해준다.

낮과 밤은 하나님이 만드신 것이다. 우리는 낮과 밤으로 하루를 순환하며 살아 가도록 만들어졌다.

구약성서의 『창세기』의 첫 머리를 보면 하나님이 천지창조의 첫 날의 일로서 낮과 밤을 나누었다고 쓰여 있는 것은 누구나 아는 일이다.

아침에 잠이 깨어 밤에 잠자리에 들기까지 계속되는 하루는 그것 자체로서 완전히 끝나 버려야 한다. 그러므로 우리는 아이들을 대할 경우에도 하루를 구분으로 삼아 그 날의 두려움이나 슬픔은 그날로 끝내도록 마음을 쓴다.

구체적으로는 앞에서도 말한 것처럼 아무리 아이들을 혼내준 날에도 잠자리에 들어갈 때는 따뜻하게 안아 줌으로서 나쁜 감정이 아이들의 마음에서 깨끗히 씻겨나게 해준다. 아이들의 마음은 마치 스펀지와 같은 것으로 혼난 뒤에 그대로 방치해 두면 나쁜 감정을 빨아들인다.

그러나 한번이라도 꼭 사랑으로 안아 주면 스펀지에서 물이 밀려나오는 것처럼 아이들의 마음에서 여러 가지 안 좋은 감정이 밀려나오게 된다.

공포나 혐오, 미움 같은 부정적인 감정이 잠자리에 들어와서 밤의 세계를 지배하는 것을 우리는 경계한다. 이런 감정이 일단 꿈속에 들어가게 되면 하루라는 영역을 넘어 내일로 가져가기 때문이다.

잠잘 때 따듯하게 해주는 어머니처럼 아이들의 마음을 편안하게 해주는 것도 없다

유대인 심리학자 프로이트는 「꿈의 분석」에서도 큰 공적을 남긴 사람이다.

그가 가족들과 함께 '산속의 집'에 가서 잘 때, 꿈속에서 어린 딸 안나가 이렇게 외치는 소리를 들었다.

'안나 프요이트(프로이트) 딸기 많이, 딸기 많이'

어린 안나는 그날 아침 배탈이 나서 매우 좋아했던 딸기를 먹지 못한 것이다. 그래서 '딸기 많이' 먹고 싶다는 강한 소망을 갖게 되고, 그

소망이 꿈에서까지 연결된 것이라고 프로이트는 깨달았다.

　프로이트는 1천 가지 예의 꿈을 수집하여 '꿈은 무의식 속에서 생겨 난다.'는 발견에 이르렀는데, 어렸을 때의 원시적 감정을 나타내는 것 이 꿈이라고 생각했다. 그렇다면 어렸을 때의 불쾌한 체험이 축적되 어 어른이 되어 일상으로 나타나게 될 수도 있다.

　그날 하루에 처리하지 못하는 감정은 분명 어린 아이에겐 많이 있을 것이다. 그것이 무의식 속에 가라앉아 있다가 꿈의 구성 요소가 되어 가는 것이다. 어머니들은 그러한 감정 속에서 적어도 부정적인 감정만 은 일찌감치 아이들의 마음속에서 제거해 줄 의무가 있다고 생각한다.

　이렇게 되면 아이들은 기분이 아늑해지고 하루의 긴장이 완전히 풀 려 잠이 들게 된다. 그날 부모로부터 야단 맞은 일이 있다 해도 불쾌 한 체험을 내버리고 편안하게 잠들 수 있게 된다.

　이튿날이 되면 또 새로운 기분으로 하루를 시작할 수 있게 된다. 이 러한 습관을 들이게 되면 그 아이는 커서도 지난 일을 자꾸 되씹어 생 각하는 우유 부단한 어른이 되지 않고, 언제나 앞을 향하여 산뜻한 기 분으로 살아갈 수 있는 어른이 될 것이다.

어른이 쓰는 물건이나 장소는
가까이 하지 못하게 하라

 18

미장원에는 어른이 된 뒤에 보내라

내게는 13세 되는 딸과 8세 되는 딸이 있다. 그런데 작은 딸아이는 여자답게 멋을 내는데 민감하다. 작은 딸아이가 텔레비전이나 잡지에서 아름다운 헤어스타일의 여자 아이를 자주 보기 때문일까? 가끔 "엄마 나도 미장원에 데려가 줘요. 머리를 세트하게" 하는 것이다.

그러나 엄마의 대답은 언제나 정해져 있다.

"그래? 그렇지만 커서 네 돈으로 미장원이고 어디고 가라. 지금은 안 돼." 하고는 아이의 머리를 잘라주는 것이다.

큰 딸은 가끔 미장원에 데리고 가는 일이 있다. 그러나 역시 머리는 커트밖에 해주지 않는다. 이유는 작은 딸의 경우와 똑같다.

　우리 유대인은 어른과 아이는 전혀 다른 세계에 살고 있다는 것을 아이들이 늘 생각하게 만든다. 구약성서에 의하면 부모는 자식에 대해서 언제나 책임이 있는 한편, 그 아이에게 죽음을 주는 일과 장난의 특권을 뺏는 일만 못할 뿐 절대적인 권력을 가지고 있는 것으로 되어 있다.

　아이들을 어른의 세계에 가까이 오지 못 하도록 하는 일은 어른의 책임을 분명히 밝히기 위해서이다. 나의 딸들은 엄마의 화장품에 흥미를 나타내어 입술연지를 바르겠다고 자꾸 떼를 쓴다. 그러나 나는 절대로 허락하지 않는다.

　일 년에 한번 정장을 하는 축제일에는 아이들에게도 연지를 바르고 화장을 하는 일을 허락한다. 그러나 그날 이외에는 화장품에 가까이 오지 못하게 한다.

부모 자식간의 경계선을 없애면 부모 자식 관계는 끝장이다

요즈음 동양 각국에서는 아이들을 위한 화장품이 많이 팔리고 있다고 한다. 그러나 과연 그러한 화장품을 아이들에게 사줄 필요가 있는지에 대해서 나는 매우 의문이다. 또 텔레비전을 보면 어른을 그대로 흉내 내어 아이들이 옷을 입는 것을 자주 본다. 어떤 어머니는 자기 자녀가 어른처럼 행동하는 것을 자랑스럽게 여기고 있는 것 같다.

이것도 내가 보기에는 고개가 갸웃거려지는 일이 아닐 수 없다.

요즈음 동양에서는 부모와 자식 사이의 경계선을 없애는 것이 새로운 부모 자식의 관계처럼 생각하는 사람이 점차 늘어나는 것 같다. 그러나 유대인은 부모 자식의 관계는 아무리 시대가 바뀌어도 본질적으로 달라지지 않는다고 생각한다. 아이들이 아이들답게 행동하기보다 어른 흉내를 내는데 열중하고, 부모도 그것을 좋아한데서야 어떻게 부모에 대한 존경을 아이들에게 가르칠 수 있겠는가?

아이들은 '작은 어른'이 아니라 어른과는 다른 인간이라는 것을 일상적으로 가르쳐 주어야 한다. 그렇지 않고서는 가정의 질서를 유지할 수 없다고 생각한다.

일생을 두고 배우게 하기 위해서
어릴 때는 충분히 놀려라

19

죽어도 자식의 부양을 받지 않겠다는 마음을 가져라

동양의 아이들을 보면 어려서부터 공부만 강요하기 때문에 놀 틈이 없다. 그들은 노는 것을 빼앗긴 채 자라고 있다. 이것을 보면 마치 아이들을 우선 일류대학, 일류회사에 넣어 하루 속히 돈을 많이 벌어 부모의 뒷바라지를 하게 할 생각인 것처럼 보인다.

이런 점으로 생각할 때 나는 동양인과 유대인의 육아법이 다른 것은 부모 자식의 관계를 어디까지 지속시키느냐 하는 시간적 차이에 있다는 생각이 든다.

그게 무슨 말인지 좀 더 설명하자.

우리 유대인으로서는 자식들은 언제까지나 자식이다. 부모는 아무리 나이를 먹었어도 부모 역할을 하는 것을 자랑스럽게 여긴다. 늙으면 아이들의 부양을 받겠다고 생각하는 사람은 유대인 중에는 한 사람도 없다. 그렇게 되기보다는 차라리 죽어 버리고 마는 것이 낫다고 생각한다.

이것은 하나의 가족 안에서도 부모는 부모, 자식은 자식이라는 개인주의의 생각이 철저하기 때문이다.

나의 집안을 예로 들어 보아도 그렇다. 나의 할아버지는 커다란 과수원을 경영하고 있었는데 그 분 생전에 과수원을 분할하여 형식적으로는 자식들에게 나누어 주었다. 그러나 실제로는 죽을 때까지 자기 손으로 과수원을 유지해 갔으며 그 수입으로 생계를 꾸려 나갔다. 그러므로 과수원이 실제로 자식들의 손에 들어간 것은 할아버지가 죽은 뒤의 일이었다.

부모는 부모, 자식은 자식의 역할을 이렇게 끝까지 믿고 가는 것이다.

한편 동양의 부모들은 부모의 역할은 자식이 대학을 졸업할 때까지라고 생각하는 것은 아닌지, 지금도 자식이 부모를 부양하는 것이 당연한 일이라고 부모 자신이 생각하는 경우가 많다고 한다. 자식이 대학을 나오면, 부모의 역할을 그만두고 이번에는 자식으로부터 부양을 받으려고 한다는 것이다.

어느 쪽이 좋고 어느 쪽이 나쁜지 따지는 것은 그만 두고라도, 부모 자식의 역할 분담을 짧은 시간의 일로 생각하는 것이 동양인이라고 생각된다.

노는 시기에는 충분히 놀려주라

유대인은 부모 자식의 관계를 좀 더 긴 시간적 척도를 두고 생각한다. 부모는 일생동안 부모이고 자식은 일생동안 자식이므로 그렇게 서둘 것이 없다.

앞에서도 말한 것처럼 사람은 일생동안 배워야 한다는 것이 유대인의 기본적인 생각이다. 그러므로 놀 수 있는 동안은 충분히 놀게 해주어야 한다고 생각하는 것이다. 만일 아이로부터 노는 것을 빼앗아 버리면 그 뒤로도 계속 학문이 연속 되기 때문에 일생을 두고 노는 시기를 갖지 못하고 만다.

아이들에게 놀이는 정신향상의 중요한 요소이다. 놀이를 빼앗으면서까지 공부를 강요하는 것은 긴 안목으로 보면 현명한 방식이 아니다. 진정한 학문은 어른이 되어서야 시작한다고 우리는 생각한다.

이러한 점으로 볼 때 동양의 부모들은 반대로 생각하는 것이 아닌가 하는 생각이 든다.

즉 아이들은 대학에 들어갈 때까지만 공부하면 된다. 다음은 학문이 별로 필요하지 않은 인생이라고 생각하는 것 같다. 어렸을 때 될수록 공부를 많이 시켜서 유명한 대학에 입학시켜 부모의 책임을 빨리 끝내고 싶다고 생각하는 것 같다. 그러나 아이들의 진정한 행복을 위해서는 아이들의 욕구를 채워 줘야 하지 않을까?

즉 어려서는 놀고 싶은 욕구를 충분히 채워 줘야 한다고 생각한다.

가정훈련에 거슬리는 일을 하면 거침없이 거절하라

20

『초콜릿을 주지 마라』

아이들에 대한 책임, 특히 유유아(乳幼兒)에 대한 책임은 모두 부모가 지는 것이다.

나는 우리 아이들의 가정 훈련에 대한 모든 책임을 지고 있는 셈이다. 그러므로 우리 아이들의 훈련에 대해서 누가 무어라고 하는 것을 인정할 수가 없다. 왜냐하면 어린아이에게 성장의 지침이 되는 것은 결코 남이 아니라 부모이기 때문이다.

나의 경우를 이야기해 보겠다.

딸이 어렸을 때 나는 초콜릿을 주지 않기로 하고 있었다.

그런데 어느 날 아는 사람이 선물로 초콜릿을 사가지고 와서는 은종이를 벗기고 커다란 초콜릿을 딸아이의 손에 들려준 일이 있었다.

물론 그 사람으로서는 그것이 우리에 대한 호의의 표시였으리라. 그러나 나는 그 사람에게 "이 아이는 나의 아이입니다. 그 아이에게 무엇을 주는 것은 내가 결정하는 일입니다. 그리고 단 것이나 자극성이 큰 것이 아이의 몸에 좋지 않다는 것은 당신도 아이를 키우시니 잘 알 것이 아닙니까? 초콜릿을 그 아이에게 주지 마십시오."

하고 분명하게 말해 주었다.

이것은 동양인에게는 매우 강한 인상을 주는 말인지도 모른다. 그러나 나는 이것을 당연한 말이라고 생각한다.

이러한 경우는 어느 가정에서나 흔히 있는 일이다. 그때마다 부모는 자기 교육의 권리를 분명하게 주장 할 필요가 있다고 나는 생각한다.

나의 어머니도 그렇게 해왔고, 나의 딸도 어머니가 되면 틀림없이 그렇게 할 것이다.

이것은 아이들에게 필요한 일인 것이다.

왜냐하면 아직 어린아이로서는 자기가 어떻게 행동해야 하는가, 무엇을 하면 안 되는가에 대한 판단 기준을 아직 하나도 갖고 있지 않기 때문이다. 따라서 그 기준을 부모가 분명하게 보여주는 동시에 기준에 대한 책임도 부모에게 있다는 것을 알려줘야 한다.

아이들은 그 기준에 기대어 몸과 마음이 자라나게 된다. 즉 아이들은 부모가 주는 기준에 의해서 정서적으로 안정감을 갖게 되는 것이다.

남이 가정 훈련에 간섭하지 않게 하라

그러므로 책임이 없는 남이 가정 훈련에 간섭을 하면 안 되는 것이다. 부모 아닌, 남이 책임 없이 시키는 대로 하는 것은 아이들로서는 매우 쉽고, 편할 것임에 틀림없다.

만일 부모가 가정훈련의 권리를 주장하지 않으면 아이들은 쉽게 가정 훈련에서 벗어나는 길을 찾아 내어 그쪽으로 달아나 버릴 것이 틀림없다.

누구나 고달픈 쪽으로 가기보다 편한 쪽으로 가기를 좋아하게 마련이다. 하물며 아이들로서는 더욱 그렇게 할 것이다.

그러나 그렇게 되면 날마다 애써온 가정훈련이 다른 사람의 간섭으로 하루아침에 무너져 버릴지도 모른다.

아이들을 다시 한 번 같은 궤도로 돌려 놓으려면 지금까지 아이들을 가르치는데 들었던 시간보다 더 많은 시간이 걸릴 것이다.

아이들은 교육적 성장이 멈춰버리게 될 것이다. 그것은 아이들 미래의 인생에 커다란 손실이 된다고 나는 생각한다.

인간으로서 주체성이 있는 아이로 키우기 위해서는 부모가 엄격해야 한다.

다른 사람의 간섭에 대해서 단호하게 엄격하지 않으면 아이는 자기가 판단 할 수 없는 의지가 약한 아이가 될 위험이 있다.

유대인은 다른 사람이 볼 때 완고하다 싶을 만큼 자기를 주장한다. 신념을 굽히지 않는 부모를 보면서 자라나는 것이 아이들에게 매우 좋은 일 이라고 생각한다.

그것은 아이들에게 심리적인 거절의 중요성과 동시에 신념이 중요하다는 것을 심어주는 좋은 방법이라고 생각한다.

조부모 이름을 아이들에게 붙여
가족의 이어짐을 일깨우라

21

면면히 이어지는 유대인의 이름

여러분이 유대인과 사귀게 되거나 유대인에 대한 책을 읽게 되면 유대인의 이름에 비슷한 이름이 많다는 것을 알게 될 것이다.

JACOB(야곱), ABRAM(아브라함), SAMUEL(사무엘), DAVID(데이비드), ISAAC(이삭) 등 유대인의 냄새가 물씬 풍기는 이름의 사람이 많다.

이것은 유대인의 이름이 성서나 유대의 전통에서 따온 것이 태반이기 때문이다. 가령 나의 큰 딸의 이름인 아비가엘은 구약성서에 있는 다윗 왕의 첫 아내의 이름이다. 또 작은 딸 타마르, 장남 오나탄도 모두 성서에서 따온 이름이다.

또한 유대인들은 조부, 조모, 백부, 백모 등 친족의 이름을 아이들에게 주어서 아이들에게 가족의 이어짐을 자각시키는 이름 짓는 법을 널리 가진다. 같은 유대인 이름이 자주 나오는 것은 유대인이 가족의 전통에 충실한 증거라고 할 수 있다. 즉 유대인은 과거 수천 년에 걸쳐서 몇 십만 명이나 되는 타마르가 있었고 이삭이 있었고 다윗이 있었던 셈이다.

나의친구 마자르 토케이어의 부인의 이름은 바민인데 이 이름은 친구 외삼촌의 이름을 받은 것이라고 한다.

그 외삼촌은 1차 세계대전 중에 헝가리 육군의 병사로서 출전하여 전사 했다. 이렇게 죽은 조상을 다시 생각하며 기억에 남기게 된다. 그러나 꼭 죽은 조상의 이름만 붙이는 것은 아니다. 살아있는 사람의 이름도 따서 붙인다.

토케이어 부처의 장남 이름 아미엘은 그 애 어머니 마자르의 아버지 이름이다. 즉 외할아버지의 이름을 따서 외손자에게 붙였는데 이 외할아버지는 지금 이스라엘에서 건재하고 있다.

어머니 마자르가 하는 말로는 장녀 시라가 태어난 지 2주일 뒤에 시아버지가 사망한 것이 이 명명의 계기가 되었다고 한다. 그녀의 친정아버지와 시아버지의 이름도 마침 같았던 것이다.

그래서 장남이 태어나자 그녀는 친정아버지에게 편지를 보내서 사정을 설명하고 아미엘이라고 명명하고 싶다고 하였더니

"그것은 나로서도 큰 명예이다."하면서 기꺼이 승낙해 주었다고 한다.

유대사회에는 이름의 유행이 없다

부모는 자식이 성장하면 그 아이 이름의 유래를 설명하여 가족의 일체감을 심어준다. 더 나아가서는 그 이름을 바탕으로 성서나 이스라엘의 전통까지 언급하며, 이것을 민족적인 자각심으로 승화시키는 계기로 삼는다. 한번 생각해 보기 바란다. 자기와 똑같은 이름의 조상이나 위인이 먼 옛날에 있었다는 것을 알면 이것만으로도 아이들은 자기의 조상에 말할 수 없는 친근감을 느낄 것이 아닌가!

요즈음 동양에서는 이름 짓기가 유행하고 있다고 한다.

가령 텔레비전 드라마 주인공의 이름을 따라서 아기의 이름을 짓는가 하면 그 탤런트 이름을 따라서 짓는 수가 있다고 한다. 이것은 앞에 말한 이유로 우리는 좀 이해를 할 수 없는 일이다.

우리 유대인으로서는 아이들의 이름을 짓는 것은 아이들을 기르는 일과 깊이 관계되는 일이므로 시대풍조나 유행하고는 관계가 없다고 생각한다.

유행은 바로 뒤처지게 마련이다. 아이가 어렸을 때에 빛나던 이름도 그 아이가 어른이 되면 완전히 광채를 잃을 수 있다. 그렇게 되면 아이는 "왜 나에게 이런 시시한 이름을 붙였어요."하고 물을 지도 모른다.

우리는 이름을 통해서 가족의 전통을 아이들에게 설명해 줄 수 있는 것을 자랑으로 여기고 있다. 그리고 우리 자신의 이름도 언젠가는 손자나 증손자에 이어진다고 생각하면 자기 이름을 더럽히지 않도록 살아야 한다고 생각하고 있다.

아버지의 휴일은 아이들 교육에
없어서는 안 될 날이다

22

지금도 엄격하게 지키는 '안식일'의 습관

부모와 자식 사이의 단절이 사회 문제로 되고 있는 것은 동양에만 있
는 일이 아니다. 미국에서도 그렇다. 어떤 통계에 의하면 미국에서는
아버지와 아들이 대화하는 시간은 하루 평균 3분이라고 한다.

아버지와 아들은 인스턴트 카레를 끓이는 만큼의 시간밖에 커뮤니
케이션이 없다는 말이 된다. 이래서야 어떻게 아들이 아버지의 태도
나 생각을 배울 수가 있겠는가!

그러나 유대인의 가정에서 이러한 일은 결코 있을 수 없다.

아들은 어려서부터 아버지를 집안의 중심으로서 존경하고 아버지도

가정의 중심에 적합한 행동을 해 나간다.

아들은 아버지를 흉내 내면서 성장하여 간다. 공부를 하는 습관도 처음에는 아버지한테 배우는 것이 보통의 일로 되고 있다.

이것을 가능하게 해 주는 것이 바로 위대한 유대의 제도인 안식일이다.

먼저 구약성서에 안식일에 대한 기술이 어떻게 나오는지 알아보자.

「이것은 주님께서 행하라고 명령하신 말씀이다. 6일 동안은 일을 하라. 7일째는 너희들의 성스러운 날이며 주님이 완전히 쉬시는 안식일이다. 그러므로 이 날에 일을 하는 자는 누구든 죽여야 한다. 안식일에는 너희 집의 어디에도 불을 때서는 안 된다」 (출애굽기 35장)

생각해 보면 이것은 무척이나 엄격한 규율이다. 지금에야 설마 안식일을 어긴다고 죽이는 일은 없겠지만, 금요일 저녁에서 토요일 저녁까지 계속되는 안식일에는 지금도 여전히 불을 하나도 때지 않는다.

요리도 금지되고 있으므로 주부들은 금요일 해가 떨어지기 전에 먹을 것을 미리 준비해 놓는다. 냄비 같은 것은 해가 떨어지기 전에 붙여 놓은 불 위에 얹어 놓는다. 안식일 동안에는 점화를 하지 않는 것이 규율이므로 미리 붙여 놓은 불이 꺼지지 않게 해 놓는 것이다.

안식일에는 자동차를 타는 것도 안 되며 엘리베이터도 탈 수가 없다.

이스라엘의 수도인 예루살렘에 가 보면 안식일에는 '정통파'의 유대교도가 까만 코트 차림으로 몇 백만 명이나 모여 드는 것을 볼 수 있다.

　그날 불이 붙은 담배를 물고 길을 걷거나 하면 누가 돌을 던질 지도 모른다. 또 돌에 맞았다고 해서 아무도 당신을 보호해 줄 사람도 없을 것이다.

　이처럼 엄격하게 안식일이 지켜지고 있으니 그 덕택으로 아버지는 모든 걱정에서 벗어날 수가 있다. 그리고 평소에는 서로 대화할 기회가 적었던 자녀를 상대로 대화를 주고 받게 되는 것이다.

아버지는 나의 아버지인 동시에 선생님이기도 하다

　안식일에는 아버지가 자기 방에 자녀를 한 명씩 불러 들여 앉혀 놓고 차근차근 이야기를 한다. 무엇에 대해서 이야기하느냐 하면 일주일 동안의 공부나 그 주에 있었던 일을 솔직하게 얘기 하라고 한다.

이것은 벌써 부모와 자식의 관계를 넘어서는 것인지도 모른다. 아이들로서는 집안의 어른으로서의 아버지가 뚜렷한 이미지로 부각될 것이며 이것이 '선생님'으로까지 생각이 들 것이다. 그러므로 유대인 아이들은 부친을 '나의 아버지이자 선생님'이라고 부르는 것이 습관으로 되어있다.

자녀와 대화하는 시간은 30분 정도가 보통이지만 아이들로서는 일주일 동안을 총괄하는 귀중한 시간이다.

동양에서는 안식일 같은 습관이 없는 것 같지만, 아버지는 최소한 일요일만은 아이들과 접촉해 시간을 할애하는 것이 바람직한 일이 아닐까? 그런데 요즈음 아버지들은 골프를 치러 가서 아이들과 이야기할 시간이 별로 없다고 한다. 게다가 평일에는 또 아버지의 귀가 시간이 일정하지 않다. 아이들이 잠든 뒤에 돌아오는 일이 자주 있다고 한다. 이것은 아이들에게 아버지가 없는 것이나 마찬가지일 것이 아닌가!

유대인의 아버지는 평일에도 특별한 일이 없는 한 가족과 함께 저녁을 먹을 수 있게 일찍 돌아온다. 유대인의 아버지들은 아이들을 위해서 심각하게 생각하고 고민한다. 아이들이 독립해서 나간 뒤에도 늘 편지를 써 보내면서 충고를 해 준다.

이것이 유대인의 극히 평균적인 아버지상이다. 아버지가 커뮤니케이션의 찬스를 확보하는 한 '단절'은 일어날 수가 없다고 나는 생각한다.

삼촌이나 사촌은 한 집안
식구로 생각하게 하라

『폐쇄 공간』이 되기 쉬운 핵가족

동양에서도 핵가족화가 진행됨에 따라 지금까지 생각하지 못했던 문제들이 계속해서 나온다고 한다. 부부와 아이들의 2대로 구성되는 이 핵가족은 문명사회에서는 거의 통례가 되는 것 같다. 미국 같은 데서는 핵가족이 아닌 가족이 드물 정도이다.

전에는 어디서나 볼 수 있었던 대가족과 비교하면 이 핵가족은 세대 간의 갈등도 적다. 적은 가족 수이기 때문에 집안의 공간도 여유 있게 사용할 수 있는 장점이 있다.

특히 어머니로서는 여러 가지 인간관계에 머리를 썩힐 것 없이 아이들의 교육에 전념할 수 있는 가족형태라고 할 수 있으리라.

그러나 한편으로 아이들은 다른 친척 즉, 조부모나 백부모들로부터 좋은 영향을 받을 기회가 적어진다.

아이들을 기르는 데는 세대가 다른 많은 사람과 될수록 친밀하게 접촉하게 하는 것이 아이들의 장래를 위해서 중요한 일이라고 유대인은 생각한다.

유대인이 '가족'이라고 할 때 이것은 아이들과 부모만을 가리키는 말이 아니다. 아이들의 조부모, 여기에 다시 백부, 백모, 사촌까지 포함해서 하는 말이다. 이점은 동양에서는 조부모는 가족에 들어가지만 백부, 백모, 사촌까지를 가족으로 보지 않는 것을 생각하면 더 뜻이 넓다. 나의 가정을 예로 들자면 축제일이나 주말에는 친척이 모두 모여서 가족의 일원으로 지내며 일체감을 확인하는 날로 되어 있다.

이것은 다른 지방에서 살고 있는 아들이나 딸이 모처럼 가정에 돌아와서 서로의 무사함을 확인하는 일과도 같은 것이다. 물론 현대에는 사람들이 가깝게 살기가 어려워졌다. 그러나 이런 경우에도 늘 서로 전화로 연락하는 것을 잊지 않는다. 미국에 사는 나의 친구는 그의 가족 중에서 결혼한 사람들의 집을 매월 한 번씩 돌아가며 방문하면서 친하게 이야기 하는 기회를 만들고 있다.

그러므로 이것은 숙부, 숙모, 사촌, 조카딸 등 수 십 명의 모임이 되는 것이다.

그리고 이런 모임에서는 저금통을 돌리면서 모두 자유롭게 돈을 넣게 한다. 일정액이 모이면 스포츠를 구경하러 가거나 함께 어울려 여

행을 하기 위한 자금으로 쓰는 것이다. 이렇게 '대가족 시스템' 속에서 자라는 아이들은 부모 뿐만 아니라 부모와 다른 생활을 하고, 다른 생각을 가지며, 다른 직업에 종사하는 어른들과 접촉하며 영향을 받을 기회가 풍부하게 주어진다.

유대인의 지혜라는 것도 단지 사람에서 사람으로 전해진 것이 아니라 이러한 시스템을 통해서 한 세대에서 다음 세대로 끊어지지 않고 전해진 것이라고 나는 생각한다.

핵가족 아래서는 자라지 않았을 하이네의 재능

이러한 '대가족 시스템' 속에서 자라나 재능을 꽃피운 예를 하나 들어 보겠다.

시인이며 유대인인 하인리히 하이네는 성장과정에서 외삼촌과 큰할아버지한테서 영향을 받으며 시인의 소질을 길렀다고 한다.

학교에서는 별로 배우는 것이 없었던 하이네는 외삼촌 지몬반 괴르테른의 커다란 서고가 '교실'이었다. 그는 여기서 데카르트, 넷테스하임, 헤르몬트 같은 사람이 쓴 철학서를 읽었다. 그 결과 「나의 마음에 문학적 시도를 해 보고 싶은 욕망이 타올랐다」고 술회했다.

이 서고에서 하이네는 할아버지의 형이었던 큰할아버지 지몬의 '비망록'을 발견했다. 큰할아버지 지몬은 동양이나 북아프리카에도 여행한 일이 있었으며 완전히 자유로운 영혼의 소유자였다고 한다.

하이네는 이 큰할아버지 지몬의 비방록에 의해서 상상력이 자극되어 문학에의 동경심이 키워 졌다고 한다.

정열의 시인 하이네는 이러한 배경에서 나왔던 것이다.

만일 그가 핵가족 속에서 자랐다면 어쩌면 그의 소질이 꽃을 피우지 못하고 말았을지도 모른다.

유대인의 가족 시스템은 이렇게 아이들의 성장을 돕는 데 훌륭한 역할을 하고 있다.

'친구를 선택할 때는 계단을
한 계단 오르라'고 가르쳐라

공부만 잘 하는 아이만 좋은 친구가 아니다

유대인은 친구와의 교제를 중요시한다. 중요하게 생각한다는 것은
아무하고도 친구가 된다는 뜻이 아니다. 물론 많은 사람과 사귀게 되
는 것은 좋은 일이다. 그러나 유대인은 진정한 친구를 선택할 때는 될
수록 신중하라고 가르친다.

친구는 우선 첫째로 자기를 이끌어 올려 주는 사람이어야 한다.

자기의 정신적 향상에 도움을 주는 친구가 가장 바람직한 친구다.

탈무드는 이것을 「친구를 선택할 때는 계단을 한 계단 오르라」고
표현한다.

　동양인도 그렇지만 유대인의 어머니도 자기 아들이 친구를 집에 데
려오는 것을 좋아한다. 그러나 만일 바람직한 친구가 아닐 때 어머니
는 '네가 그 아이와 사귀는 것을 반대한다.'고 분명하게 말한다. 계단
을 한 계단 오르는 것이 아니라 한 계단 내리게 될 때 그렇게 말한다.

　친구를 선택할 때 「계단을 한 계단 오르라」고 하면 동양의 어머니들
은 '공부를 잘하는 사람을 친구로 삼으라고 하는 말이다.'고 미리 짐
작할지도 모른다. 그러나 공부만이 친구를 선택하는 기준이 아닌 것
은 물론이다.

유대인은 철저한 개인주의자들이다.

무엇보다도 그 사람이 다른 사람과 다르다는 것을 중요시한다. 가령 나이프나 포크는 솜씨 있게 쓰지 못해도, 다른 사람보다 많은 언어를 말할 수 있으면 그 사람의 가치를 인정하게 된다. 포크를 솜씨 있게 쓰는 것 보다는 외국어 하나를 더 마스터하는 것이 훨씬 좋은 일이라고 생각하기 때문이다. 공부를 잘하느냐 못하느냐는 매우 일면적인 기준에 지나지 않는다. 비록 공부를 못할지언정 나의 개성이나 가능성을 끌어올려주는 상대라면 역시 「계단을 한 계단 올라서서」 친구를 선택한 셈이 되는 것이다.

또 하나 주목해야 할 일은 유대인의 어머니들은 자기의 좋고 싫음으로 자식의 친구를 판단하지 않는다는 점이다. 자기 자녀가 그 친구에 의해서 자극을 받고 개성을 개발 한다면 비록 어머니가 싫어 하는 타입이라 할지라도 반대할 이유가 없다. 어디까지나 자녀의 입장이 되어서 생각해준다.

'그 아이는 시끄러우니까' 혹은 '그 아이는 물건을 어질러 놓으니까', '그 아이는 목소리가 너무 크니까' 따위의 표면적이고 지엽적인 반대 이유는 아이로부터 좋은 친구를 선택하는 눈을 빼앗아 버리는 결과가 될 것이다.

위인은 좋은 친구가 만들었다

유대인은 친구를 잘 선택하고 또 친구를 아낀다. 이것은 어려서부터 친구의 선택을 '자기의 향상'이라는 목적에 결부시키는 습관을 가지고 있기 때문이라고 생각한다.

유대계의 음악가 다리우스 묘는 청년기에 얻은 두 친구와의 우정의 영향으로 많은 곡을 만들었다는 것은 잘 알려진 사실이다.

그밖에도 친구와의 교제에 의해서 천재성을 발휘한 유대인의 예는 많다.

『탈무드』는 「애매한 친구가 되기보다 분명한 적이 되라」고 가르친다. 이 말은 친구로서 교제 할 테면 「분명한 친구」를 선택한다는 의미일 것이다.

아이들 친구가 부모의 친구는
아님을 명확히 하라

아이들의 우정은 부모들의 우정과 관계가 없다

요즈음 동양에서는 아이들이 없을 때는 이웃과 교제가 없다가 아이
가 생기면 그 아이로 인해서 이웃과 사귀기 시작하는 경우가 흔히 있
다고 한다.

나의 친구는 이런 이야기를 들려주었다.

그녀의 딸이 세 살 쯤 되자 밖에 나가 놀게 되었다. 그리고 이웃 아
이들과 친하게 지내게 되었다. 그러다가 아침마다 특히 사이가 좋은
한 여자아이가 찾아와 데리고 나가는 것이었다. 거기까지는 좋은데 어

느 날 아침 그 아이의 어머니가 함께 와서는 지금까지 한 번도 말을 한 일이 없는데 친하게 말을 하는 것이었다. 그리고는 마침내 집안에 들어와서는 한 시간이나 이야기 하다가 돌아갔다고 한다.

나의 친구는 "참 곤란해요. 저는 하나도 친구라고 생각하지 않는데 그 아이의 어머니는 오랜 친구로 아는지 쇼핑이나 하이킹을 가자고 하는 거예요."하고 투덜거리고 있었다.

유대인 사이에는 결코 이런 일은 생기지 않는다. 아이들을 통해서 양쪽 부모가 친해지는 일은 우선 없다. 두 아이의 어머니들은 서로 얼굴을 알고 지내는 정도의 사이는 될 수 있다.

그러나 아이가 친구라고 해서 부모가 친구는 아닌 것이다.

친구가 채소를 가지고 있으면 고기를 주라

유대인의 속담에 「남의 백만 마디의 중상보다 친구의 한마디 조심성 없는 말이 크게 사람을 다치게 한다.」는 말이 있다. 그 만큼 친구는 중요하다는 말이다. 친구는 '다른 사람'이 아니라 마치 자기의 일부와 같은 것이다. 그러므로 아이들끼리 친하다고 해서 금방 부모가 친구가 될 수는 없는 것이다.

일단 친구가 되면 '만일 친구가 채소를 가졌으면 고기를 주라'고 할 만큼 가까워 진다. 그러나 아는 사람은 만나도 그저 인사 할 정도에 그친다.

　그러므로 부모끼리 친구라고 해서 아이들까지 끌어들이는 일도 없다. 내가 친한 친구를 집에 초대하는 것은 대개 저녁식사 후의 일이다. 아이들은 침대에 들어가야 할 시간인 것이다. 아이들은 우리가 얘기하고 있는 방에 나타나서 나의 친구에게 "안녕하셨습니까?"를 말할 뿐 바로 자기 방에 들어가 버린다. 즉 내가 아들 친구의 부모를 대하는 것과 같이 나의 아들도 나의 친구에게 대하는 것이다.

　아들은 아들, 부모는 부모의 형태로 제각기 우정을 길러가는 것이 우리 교제 방식의 기본이다.

유대인 아이들은 자선을 통해서
사회에 대한 눈을 뜬다

26

선행은 죽은 뒤에도 남는다.

동양에 와서 나는 신체장애자나 고아들을 위해서 길거리에서 모금하는 것을 가끔 보게 된다. 이러한 '자선'이 동양인에게 어떻게 받아들여지고 있는지 나는 잘 모른다. 유대인은 자선이나 다른 사람에 대한 선행을 매우 가치가 높은 것으로 생각한다. 그리고 이러한 행위에 대한 분명한 가치 기준이 옛날부터 전해지고 있다. 한 예를 들어서 이야기해 보자.

유대인의 성전『탈무드』에는 다음과 같은 우화가 있다.

옛날 어느 왕이 한 사람에게 신하를 보내서 바로 오라고 명했다. 그런데 그 사람에게는 세 친구가 있었다. 첫째 친구는 친한 친구였고, 둘째 친구는 그렇게까지 친하지는 않았지만 좋아하는 친구임에는 틀림 없었다.

셋째 친구는 친구이기는 하나 그다지 가까운 친구는 아니었다.

그는 왕이 자신을 오라고 한 것은 틀림없이 무엇인가 벌을 주기 위한 것이라고 생각했다.

그래서 혼자 가기가 두려워 세 친구에게 동행해 달라고 부탁했다.

먼저 첫째 친구에게 부탁하였더니 냉정하게 거절하는 것이었다. 둘째 친구는 "왕궁의 문 앞까지는 같이 가 주겠어." 하고 조건을 달았다.

"가고, 말고 자네에게 무슨 죄가 있겠나. 함께 가서 왕을 만나기로 하세."하고 말해준 것은 그다지 가깝지 않은 셋째 친구 뿐이었다.

『탈무드』에 의하면 첫째 친구는 '재산'을 말한다. 아무리 친해도 죽을 때는 가지고 갈 수가 없다. 둘째 친구는 '친척'이다. 기껏 화장장에까지 밖에 같이 가주지 않는다.

마지막까지 따라온 친구는 '선행'이라는 것이다. 평상시는 눈에 띄지 않지만 죽은 뒤에 남는 것은 선행 뿐이라고 『탈무드』는 말하고 있다.

유대인에게는 가난한 사람, 비참한 사람에 대한 '선행'에 대해서, 『탈무드』가 집대성된 옛날부터 재산이나 친척보다 훨씬 중요한 것으로 이어져 내려 왔다.

나는 일본에 온 지 3년 남짓 되지만 일본의 젊은이들을 눈으로 보고

그들의 이야기를 듣고 하면서 매우 유감스럽게 생각되는 일이 있다.

그것은 그들이 '공공의식이 없다'는 점이다. 대학생이 예사로 자동차를 과속으로 모는가 하면 지나가는 사람에게 폭력을 휘두르는데, 도대체 왜 그렇게 되었는가? 하고 생각하게 된다.

또 한가지 예를 들면 지하철에서 학생이나 젊은이가 노인이나 신체장애자가 서 있는데도 모른 체 하고 자리에 앉아 있는 광경을 자주 본다.

자리를 내주는 사람도 있으나 그런 사람은 언제나 상당히 나이가 든 사람인 경우가 많다.

자리를 양보하는 일이 퍽 드문지 신문의 특종 난에 젊은 사람이 자리를 내준 이야기가 '선행'으로서 칭찬되고 있다.

공공의식의 결핍은 아마 어려서부터 눈이 사회로 향하여 열려지지 않았기 때문이 아닐까?

공부를 잘해서 좋은 회사에 근무하는 것은 장려되는 것 같지만 사회에서 함께 어울려 가고, 어떻게 다른 사람과 원활하게 사회생활을 해나갈 것인가? 하는 지혜를 부모들이 아이들에게 가르쳐 주지 않은 것이 틀림없다고 나는 생각 한다.

세계의 배움과 업적은 자선 행위 위에서 이루어지고 있다.

유대인의 속담은 「세계의 배움과 업적은 자선행위에서 이루어지고 있다」고 말한다. 즉 아무리 잘 배우고 아무리 일을 잘 해도 사람들이 '

자선'을 잊으면 세계가 이루어질 수 없다는 것이다. 가난한 사람들에게 돈이나 물건을 주는 '자선'은 어려서 아이들에게 가르쳐 주어야 하는 사회 교육인 것이다. 유대인의 어느 가정에서나 아이들에게 어려서부터 조그만 저금통을 주고서 '자선'을 위해서 돈을 저금하라고 가르친다. 아이들은 교회당에 올 때마다 자기가 모은 돈을 가지고 와서 '자선'에 내 놓는다. 어릴 때부터 '자선'은 의무로 되어 있는 것이다.

물론 어른이 된 뒤에도 이 습관은 계속된다. 재산이 풍부한 사람은 수입의 5분의 1을, 평균적인 생활을 하는 사람은 수입의 10분의 1일 '자선'에 내놓는다. '자선'을 의미하는 헤브라이어 '체다카'는 정의라는 뜻도 있다. 영어로 '자선'에 해당하는 '체리티'가 라틴어의 '베푼다.'라는 말에서 나온 것과는 달리 유대인에게 '자선'은 '정의'인 것이다.

아이들은 조그만 저금통으로서 자기 생활이 언제나 사회와 이어져 있다는 것을 의식하면서 성장해 간다. 그러므로 지하철에서 노인에게 자리를 양보하는 것은 자연스럽게 행해진다.

자선은 어른이 되어 자연스럽게 사회에 동화하여 갈 수 있는 기초가 되는 것이다. 유대인은 남에게 선물을 주는 것을 좋아한다고 다른 나라 사람들이 자주 말하는데 이것은 '자선'이란 것이 베푸는 일이 아니라 사회생활을 하는데 당연한 행위이기 때문이다.

아이들의 학업성적에 안달을 하기보다 사회에 눈을 돌리는 계기를 만들어 주는 것이 결국 풍부한 생활의 기초를 만들어 주는 일이라고 나는 생각한다.

아이들에게 선물대신 돈을 주지 말라

27

큰 부자에게 아들은 없다. 상속인이 있을 뿐이다

유대인의 속담에 「큰 부자에게 아들은 없다. 상속인이 있을 뿐이다.」라는 매우 간단 명료한 말이 있다. 일찍이 지폐가 없던 시대에 돈은 곧 금이나 은이었으므로, '돈이란 섬뜩하고 차가운 것'이라는 이미지가 강했다.

부자들은 금이나 은을 쌓아두고 있기 때문에 그 싸늘함이 자신에게 전이되고 가족에게까지 전이되어 따뜻한 정이 통하지 않는 가정이 형성된다는 얘기다.

그래서 부자들은 자식이 아니라 단지 부모로부터 '싸늘한 돈'의 상속인이 되어버린다는 것을 이 속담은 의미하고 있다.

이 속담은 지금도 부모와 자식 간에 금전이 개입된다는 것이 얼마나 무서운 일인가를 우리들에게 가르쳐주고 있다.

나는 돈을 매개로 해서 아이들과 접촉하는 것을 피하고 있다. 왜냐하면 돈을 주고 받음으로서, 앞의 속담과 같이 부모와 자식의 관계를 차가운 것으로 만들고 싶지 않기 때문이다.

나는 아이들에게 선물을 줄 때 결코 돈을 주는 일은 않는다. 만약 선물대신에 돈을 준다면 아이에 대해서 "옛다. 이것으로 뭐든 사거라." 하고 돈을 내던지는 것과 마찬가지여서 자녀에 대한 자상한 마음이 없다는 것을 증명한다고 생각한다.

이따금 나의 집에 찾아온 친구들이 돌아가면서 "아이들에게 주세요."하고 돈이 든 봉투를 놓고 갈 때가 있지만, 이 경우에도 아이들에게 건네줄 때는 "친절한 분이 이걸 너희들에게 주라고 두고 갔다. 뭔가 물건을 사서 그분한테서 받은 것으로 생각하라."라고 말한다.

선물이란 뭔가 의미가 있고, 또 부모 자식 간의 정겨운 인간적 연결을 확인하는 것이다. 돈은 이런 것과는 아주 거리가 먼 존재라 하겠다.

19세기 중엽에 유대인 대부호 로스차일드가의 우드머리였던 암셀이란 사람은 반 유대 폭도들이 밀려들자, "너희들은 부자인 유대인으로부터 돈을 얻어가고 싶은 게지. 그 정도 수량의 프로링 금화는 가지고 있다. 우선 너희들 한 사람 앞에 1프로링씩 나누어 주지." 하면서 손을 벌리는 폭도들에게 돈을 주었다고 한다.

이 암셀에게는 끝내 자녀가 생기지 않았다. 만약 자녀가 있었다면 이같이 '모멸적으로' 돈을 사용하지는 않았을 거라는 생각이 든다.

돈이 사랑의 표시 일 수는 없다. 따라서 사랑의 표시여야 할 선물 대신으로 사용할 수는 없는 것이다.

아이는 돈의 의미를 판단할 수 없다

'유대인은 돈에 대해서 더럽다.'는 편견이 아직도 강한 것 같다.

그 전형이 셰익스피어가 『베니스의 상인』에서 묘사한, 피도 눈물도 없는 대금업자 샤일록이라고 할 수 있다.

그러나 셰익스피어가 태어난 시대는 이미 유대인들이 영국에서 추방당한 뒤여서 그는 유대인에 대한 편견의 소용돌이 속에서 자랐다.

그 때문에 마음속으로만 생각한 편견, 즉 '내재화된 편견'에 의해 대금업자를 유대인으로 설정해 버린 것이다.

유럽의 지배적인 종교인 그리스도교가 돈을 죄악시하고 있기 때문에, 돈을 도구로 사용하며 「부푼 지갑은 별로 좋은 것이 아니다. 그러나 빈 지갑은 나쁘다.」(유대의 격언) 라고 진지하게 말하는 유대인에 대해 상대적으로 자기만 생각하는 이기주의자로 묘사한 것에 불과하다.

같은 유대인의 속담에 「금전은 무자비한 주인이 되기도, 유익한 종이 되기도 한다.」는 것이 있다.

돈 자체는 좋은 것도 나쁜 것도 아니며, 주인을 삼든가 종으로 삼든가 하는 것은 그것을 사용하는 사람의 사람됨에 달려 있다는 뜻이다.

　아이들에게 돈의 이 같은 미묘한 성격을 가르치는 것은 매우 어려운 일이다.

　18세기까지 유대인에게는 성(姓)이 없었는데, 그 무렵부터 유럽 여러 나라의 성주가 유대인에게 성을 팔기 시작했다.

　유대인들은 좋은 이름을 사기 위해서는 비싼 돈을 내고 사고, 나쁜 이름은 값싸게 살 수가 있었다.

예를 들면 보석이나 꽃 이름은 비싸서, 로젠탈(장미)이라는 이름이 있다면 비싼 돈으로 샀다고 생각하면 될 것이다. 그 중에는 골드브룸 (골드-황금, 브룸-꽃) 같은 선망이 되는 성도 있었다.

값싼 것은 동물의 이름으로 월프슨(늑대)따위이다.

돈을 낼 수 없는 사람들에게는 힌터게시츠(엉덩이)같은 성이 주어지기도 했다.

이 얘기를 들려주면 "로젠탈보다 월프슨 쪽이 훨씬 좋은 것 같은데"라고 말하는 아이도 있다.

돈이란 것은 그 사람 그 사람에 따라 어떤 식으로든지 사용할 수 있으며 로젠탈씨가 힌터게시츠보다 인간적으로 우월하다는 보증은 어디에도 없다.

이 얘기를 해주면 아이들은 매우 즐거워 하며 듣는다. 그러나 그것은 얘기를 표면적으로 이해하는 것에 지나지 않으며 결코 얘기의 본질을 알고 있는 것이 아니다.

이와 같이 돈의 의미를 아직 모르는 아이들에게 돈을 선물 대신 주는 것은 바람직하지 않은 일이다.

돈의 문제에 관해서 아이들은 끼어들지 않는 게 좋다고 생각한다.

성(性)에 대해서는 사실을
간결하게 가르쳐라

28

성에 대한 죄의 관념을 갖지 않는다

섹스는 유대인에게 있어서 극히 자연스러운 것이다.

　구약성서에 「아담은 그의 아내 하와(이브)와 동침하매 하와가 잉태하여 카인을 낳고 이르되 내가 여호와로 말미암아 득남하였다 하니라」(창세기 제4장 1절)고 인류최초의 성행위가 간결하게 기술되어 있다.

　유대인은 섹스에 대해 죄의 관념을 갖지 않는다. 신에 의해 허용된 일이니 나쁘지 않다고 단순하게 파악하고 있는 것이다. 『탈무드』에도 「섹스는 자연의 일부, 섹스를 하는데 부자연스런 일은 아무것도 있을 수 없다」라고 하는 실로 거칠 것 없는 표현이 있다.

섹스=자연이란 사고방식은 이 성교육에도 그대로 적용된다.

아이들은 7, 8세가 되면 섹스에 대해 흥미를 갖기 시작하여 명확하지 않은 점을 부모에게 질문하게 된다. 이런 질문을 받았을 때 어떻게 대답해야 하는가 하는 성교육 문제가 거론되는 것은 흔한 일이다. 그러나 유대인은 이럴 때 말을 얼버무리거나 얼굴을 붉히거나 혹은 화를 내거나 하는 일은 결코 없다.

질문에 대해 사실을 성서처럼 간단 명료한 표현으로 자녀에게 전달할 뿐이다.

사실대로 이야기하면 아이는 쓸데 없는 망상을 하지 않는다

망설이는 것은 오히려 아이의 상상력을 자극하고 불필요한 흥미를 갖게 하는 것 이외에 아무런 이익도 없다. 망설이는 때 아이들은 '비밀의 냄새'를 맡고 섹스는 본래의 자연스러움을 잃고 아이의 생각 속에서 요괴처럼 부풀어 오를 것이다. 물론 질문하지 않은 것 까지 설명할 필요는 없지만 만약 질문해 오면 절대로 거짓을 가르치면 안 된다.

내 경험으로 사실을 곧이 곧대로 얘기하면 아이는 결코 그 이상 추궁하지 않는 법이다. 상상력을 발휘할 여지를 잃고 얘기한 그대로 받아들이기 때문이다. 나머지는 아이가 성장함에 따라 스스로 알게 되게 하면 되는 것이다. 이스라엘의 키브츠에서도 아이의 섹스는 자연

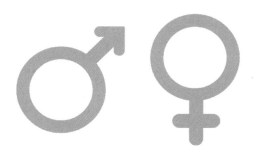

그대로 놓아두고 있다.

아이가 자위를 해도 금지 당하는 일은 없다. 친구한테 들은 얘기인데 어떤 키브츠에서는 9세까지 자위에 대해서 아이들이 아무런 주의도 받지 않으며, 9세가 되어 비로소 "다른 사람은 모르게 해라."라는 말을 듣게 된다는 것이다. 또 6세 된 사내아이가 여자의 성기를 만지작거리는 것이 난처해 "자기 몸으로 해라." 하고 간단히 말했더니 그때부터 그런 장난은 하지 않게 되었다는 것이다.

이와 같이 아이가 이해할 수 있게 되면 섹스란 자연스러운 것이고 극히 개인적인 수준에서 행해져야 한다는 것을 가르쳐 간다. 이 경우도 아이가 섹스에 관한 행위를 공연히 했을 때 그 자리에서 간결하게 주의하는 것만으로 족하다.

유대인은 "5분 동안에 다 말할 수 없으면 말하지 말라."고 한다. 즉 말해야 하는 것은 무엇이든지 간결하게 얘기하라는 말인데, 이것은 성교육에도 들어 맞는 말이다.

어릴 때부터 남녀의
성별을 일깨우라

『할례』는 유대인이 되는 의식

유대계 화가 마르크 샤갈의 초기 작품에 『할례(1909년 제작)』가 있다. 그는 이 전후에 『혼례(1909년)』, 『부부(1909년)』, 『성가족(1910년)』 등 유대인의 전통적인 생활을 리얼하게 그린 작품을 계속 발표했다.

『할례』란 생후 8일째에 사내아이의 성기 표피를 베어내는 것으로 유대인은 이 의식을 행함으로서 일찍부터 아이에게 남녀의 성별을 명확하게 일깨워 주고 있다.

할례의식은 다음과 같이 이루어진다. 아들이 태어나서 8일째가 되면 그 아이의 형제자매는 물론 친척 이웃들이 모여 아이를 주시하고 있는 가운데 먼저 아버지가 입에 술을 한 모금 머금게 된다. 그러고 나서 솜 조각에 술을 적셔 이것으로 아이의 입을 적셔 준다.

이는 통증을 느끼지 않도록 하는 알코올 마취인데 실제로는 이렇게 하지 않아도 아직 신경이 발달하지 않아 아픈 감각은 모른다.

할례를 행하는 이는 '모헤르'라고 불리는 특별한 사람으로서 그는 소장하고 있는 특별한 칼로 남자의 성기 끝의 껍질을 베어내는 것이다.

이것이 끝나면 사람들은 춤추고 노래하고 잔치를 벌이는데 대부분은 그 자리에 없는 것이 보통이다. 할례를 하지 않은 남자는 유대인으로서 인정 되지 않는다.

이것은 할례가 유대인의 조상인 아브라함 가족의 일원이 되는 계약의 의식이기 때문이다. 또 태어난 아기가 여자일 때에는 교회당에서 명명식을 하는 의식만 있을 뿐, 사내아이의 경우 같은 축하 파티는 일체 없다. 구약성서에서는 할례에 대해서 신이 아브라함에게 다음과 같이 말하고 있다.

「너희들 남자는 다 할례를 받으라. 이것이 나와 너희와 너희 후손 사이에 지킬 내 언약이니라……. 때때로 남자는 집에서 태어난 자이나 너의 자손이 아니요, 이방 사람에게서 돈으로 산 자를 막론하고 난 지 8일 만에 할례를 받을 것이라……. 할례를 받지 아니한 남자, 곧 양피를 베지 아니한 자는 백성 중에서 끊어지리니 그가 내 언약을 배반하였음이니라.」(창세기 제17장 10절~14절)

할례는 순수한 종교적 의식이지만 최근에는 위생적인 측면도 인정

되어 유대인이 아닌 사람도 생후 얼마 안 되어 이 같은 '수술'을 받는 경우가 많아졌다. 어렸을 때 표피를 제거하는 것은 남자가 성장한 뒤 그 부분의 청결을 유지하고 또 포경 등으로 고생하는 일도 없어져 그 효용이 크다고 여겨지고 있다.

남성의 권위를 일깨워 주는 유대인의 성인식

유대인 남자들은 13세가 되면 남자 성인식이 거행되어 권위를 지니고 존경을 받는 인물이 될 것을 다짐하게 된다. 이 성인식은 '바르 미스바'라고 일컫는데 바르 미스바란 '신의 계율을 지키는 아들'이라는 뜻이다. 이 의식은 남자는 13번째 생일 다음의 안식일에 행해져 해당 아이는 교회에 가서 모인 사람들 앞에서 성경을 읽고 집에 돌아와서는 친척 친지들을 초대하여 축하 파티를 연다.

유대인 사회는 이와 같이 남성의 권위가 존중되는 사회이다. 아이들은 이런 의식을 통해서 힘과 권위를 갖는 것을 자각하면서 자라가는 것이다. 이것은 장차 가정을 이룰 경우 가정의 중심에 남편이 굳건히 자리 잡고, 아내가 같이 도우면서 아이를 기른다는 구조와 연결되는 것으로 안정된 가정생활, 사회생활의 기초는 이미 생후 8일째의 의식에서부터 굳어지는 것이라고 말할 수 있다.

TV폭력 장면은 못 보게 하되
전쟁의 기록은 보여주라

30

부모가 관리를 잘하면 TV의 악영향은 없다

TV의 보급에 따라 폭력은 일상적인 것이 되어 가고 있다.

TV의 폭력장면을 보고 죄를 저지른 청소년의 얘기가 심심찮게 언론에 나가기도 한다. 부모들은 'TV가 나쁘다.'고 흔히 말한다.

그러나 유대인들에게 TV의 악영향은 거의 없다고 말해도 좋을 것이다. 나의 세 아이 가운데 8세 되는 차녀와 6세의 남아는 안식일을 빼고는 저녁 6시 반까지 밖에 TV시청이 허락 되지 않는다.

이것도 어린이 프로에만 한정하며 어른프로를 보고 있으면 나는 아무 말 없이 스위치를 꺼 버린다. 하물며 폭력장면 같은 것은 아이가 보고 있는 동안에는 우리 집 TV에 나타나는 일은 없다.

다만 폭력이라고 할지라도 다큐멘터리는 별도이다. 유대인은 갖가지 박해의 역사를 짊어지고 살아 왔다. 특히 제2차 세계대전 중 나치에 의한 대량학살은 유대인 한 사람 한 사람과 깊은 관련을 갖고 있다. 나의 경우도 부모, 조부모, 백부, 백모 모두가 학살당해 지금은 어느 누구 한 사람 남아있지 않다. 내가 아는 어떤 유대인은 어머니 형제가 11명이었으나 그는 어머니를 빼고 나머지 모든 형제자매가 그의 자녀들과 함께 아우슈비츠에서 모두 학살되었다.

『사실』과 『픽션』을 구별하는 눈을 길러주라

이 아우슈비츠를 시작으로 한 나치 폭력의 역사는 다큐멘터리 영화에 남아있다.

우리는 이런 종류의 폭력을 묘사한 기록은 아이들에게 보여 주기로 하고 있다. 때로는 교회당에서 상영되는 수도 있다.

우리는 폭력을 전혀 안 보여줄 수는 없다. 사실이라면 마땅히 아이들에게도 보여 준다.

우리들 자신 아이들에게 사실을 정확하게 전달하려고 노력한다.

"나에겐 사촌들이 없나요?" 하고 아이들이 물어왔을 때 나는 솔직하게 "친척이 모두 살해되었기 때문에 없다."고 대답한다.

사실을 사실로서 받아들이는 자세가 형성되면 폭력이 아이들에게 악영향을 끼치는 일은 없다. 폭력이 아이들에게 나쁜 것은 사실과 픽션을 혼동해 버리는 '마음의 자세'가 있기 때문이다.

아우슈비츠에서 죽어가는 동포의 모습 만큼 우리에게 폭력의 현실을 알려주는 것은 없다.

여기에서 끌어낼 수 있는 교훈은 그 역사를 또 다시 되풀이하고 싶지 않다는 '역사의 교훈'일 것이다.

나의 장녀는 현재 13살이다. 이 애는 별로 TV를 좋아하지 않지만 그래도 때로 영화 같은 것을 하면 볼 때가 있다. 벌써 사실과 픽션의 구별을 분명히 할 수 있게 된 이 아이에겐 아무것도 금할 필요가 없다.

나는 「TV가 나쁘다」는 것은 잘못이며 TV와 현실의 차이를 아이들에게 가르치지 못하는 부모 쪽이 '나쁘다.'고 생각한다.

거짓으로 아이들에게
쓸데 없는 꿈을 갖게 하지 말라

유아기 때부터 합리주의를 가르친다

유대인은 합리주의자이다. 가령 『탈무드』의 해석을 둘러싸고 토론할 때도 서로 이치를 따져 토론하는 것을 조건으로 한다.

이런 경향 때문에 때로는 「유대인은 현실적이다」라고 말하는 사람들도 있으나, 우리들에게는 토론이 이치에 맞는다는 것이야 말로 가장 중요한 일이다.

그러므로 유대인 아이들은 '산타클로스가 있다.'는 따위의 비현실적인 것은 배우지 않는다. 현실적으로 아무 근거가 없는 거짓을 아이들에게 가르쳐서 쓸데없는 꿈을 갖게 하는 것을 우리는 싫어한다.

왜냐하면 그것은 일시적으로 아이들의 상상력을 발동시키게 될지도 모르지만 아이들의 일생을 통해서 볼 때는 단지 '덧없는 꿈'에 지나지 않기 때문이다.

그러므로 나는 죽은 뒤의 '천국'이나 '지옥'에 대해서도 아이들에게는 아무런 이득이 없다고 생각한다.

이렇게 유아기 때부터 합리주의의 환경 속에서 길러진 유대인 가운데 상대성 이론을 발견한 아인슈타인, 매독 반응의 발견자 왓세르망, 혈액형의 발견자 랜드쉬타이너 같은 과학자, 냉철한 현실감으로 세계 제1의 금융 재벌에 올라선 로스 차일드 가문이 생겨난 것은 당연하다고 하겠다.

또한 합리주의자인 유대인은 '기적'이라는 것을 절대로 믿지 않는다.

"그렇다면 구약성서에 온통 기적만 채워져 있는 것은 무슨 까닭인가." 하고 물을지도 모르겠다.

그러나 구약성서의 기적은 어느 얘기를 보아도 과학적으로 입증할 수 있는 기적뿐이다. 이 세상에서 절대로 있을 수 없는 기적은 단 한 가지도 쓰여져 있지 않다.

모세의 기적도 과학적으로 입증할 수 있다

모세가 노예가 된 유대인을 이끌고 사막으로 도망쳐서 홍해까지 이르렀을 때, 이집트의 군대에 거의 붙잡힐 뻔 한 얘기가 있다. 이러한 절대 절명의 순간에 기적이 일어났다.

「모세가 바다위로 손을 내어 밀매 여호와께서 큰 동풍으로 밤새도록 바닷물을 물러가게 하시니 물이 갈라져 바다가 마른 땅이 된지라. 이스라엘 자손이 바다 가운데 육지로 향하고 물은 그들의 좌우에 벽이 되니」(출애굽기 제14장 21~22절)

홍해가 둘로 갈라져 그 사이를 유대인이 지나가 도망쳤다는 것이다. 그런 일이 있을 수가 없다고 단정할 수는 없다.

왜냐하면 1백년에 한번쯤 지중해로부터 불어오는 강풍을 받아 바닷물이 썰물이 되고, 홍해 가운데 사람이 건너 갈 시간만큼 얕은 갯벌이 드러나는 수가 있기 때문이다.

당시의 모세와 유대인들에게 있어서 이 현상은 타이밍이 맞게 일어난 것이라고 우리는 생각하고 있다.

즉 이야기를 보다 감명 깊게 하기 위해 이 현상을 타이밍에 맞춰 활용한 것이라고 하더라도 결코 거짓은 아닌 것이다.

이렇게 생각함으로서 기적마저도 합리적으로 해석하려고 하는 점에 있어서 유대인의 철저한 합리주의가 나타나고 있는 것이다.

러시아의 혁명가 레온 트로츠키는 7세 때 친구와 함께 사람은 죽어서 하늘의 어딘가에 올라간다는 사실은 있을 수 없다는 얘기를 한 사실을 말년까지 기억하고 있었다.

또 음악가인 다리우스 미요는 어렸을 때, 어머니 소피로부터 들은 터키의 '그림과 같은 광경'에 대한 경험담이 옛날 얘기보다 훨씬 더

공상의 날개를 펴게 했다고 말하고 있다.

아이들에게는 황당무계한 옛날 얘기보다는 현실에 있었던 일이 상상력을 더욱 풍부하게 하는 것이다.

유대인은 이처럼 거짓을 부정하고 현실성이 높은 것을 매개로 하여 이론을 관철하는 가운데서 에너지가 샘솟는다.

어릴 때부터 이루어지는 합리주의 교육이 성장한 뒤 과학이나 비즈니스 방면으로 활약하는 토대를 구축해 가는 것이다.

또 과학이나 비즈니스만이 아니라 정서가 중요한 역할을 하는 분야에서도 다리우스 미요와 같이 현실적인 얘기나 사실의 인식을 바탕으로 풍부한 상상력을 구사하는 예술가를 탄생시켰다고 할 수 있을 것이다.

만약 부모가 '꿈을 갖게'할 생각으로 거짓을 가르쳤다면 아이들에게 언젠가는 그것이 거짓이었다는 것을 말하지 않으면 안 된다. 그와 같은 번거로움을 생각해서라도 처음부터 사실을 얘기하는 편이 더 좋을 것이다.

3장

『뜻』을
기른다

아이를 꾸짖을 때의 기준은
선이냐, 악이냐 밖에 없다

32

『꾸짖는다』는 것은 부모가 책임을 진다는 것이다

"당신네 유대인들은 신앙심이 돈독한 사람들이니까 아이들을 야단
칠 때 하나님을 전제로 해서 아이들에게 옳은 것과 옳지 않은 것을 구
별시키는 건 아닌가요?"

이 말은 내가 자주 듣는 질문의 한 예이다.

대답은 언제나 "그렇지 않습니다."이다.

우리는 아이를 야단칠 때 들먹이는 일은 안 한다. 훈계하는 것은 부
모와 자식간의 관계이며, 여기에는 좋은가 나쁜가의 기준밖에 존재하
지 않는다.

신만이 아니다. 동양에서는 "그런 짓을 하면 남이 욕한다."고 하면서 꾸짖는 일이 많다고 하는데 이것 역시 좋은 훈계방법 이라고 할 수는 없다.

왜냐하면 선악 이외에 다른 어떤 것도 훈계의 기준이 될 수 없기 때문이다.

아이들을 버릇 들이는 것은 부모 자신이다. 부모는 아이에 대해 모든 책임을 지고 있다.

꾸짖는 행위는 잘못을 바로 잡기 위한 수단의 하나라고 말할 수 있다.

부모가 아이들에게 네가 잘못했다고 규정할 때는 그것이 절대적인 의미를 갖지 않으면 안 된다. 이를 위해서도 가령 하나님이 이렇게 말한다는 등의 다른 요소를 끼워 넣어 부모의 훈계를 흐려 버려서는 안 되는 것이다.

초인간적인 덕이 아니라 현실적인 덕을 행하게 하라

또한 이것은 유대인의 신앙에도 적용되는 말이다. 미국에서 베스트셀러가 된 추리소설 『랍비시리즈』가 있는데, 이것은 유대계의 작가인 헤리 케멜만이 쓴 것으로 그 첫 번째 작품인 『화요일에 랍비는 격노했다』에는 다음과 같은 대목이 있다.

「유대인의 종교는 매일매일 의식하며 선과 정의를 실현하는 것이다. 더욱이 우리가 추구하는 것은 인간적인 덕이지 초인간적인 성인의 덕은 아니다.」

이는 소설의 주인공 데이비드 스몰이라는 랍비가 한 말이다.

선과 정의는 인간이 날마다 행해야 하는 것으로 인간으로서 살아가기 위한 조건이다. 굳이 신을 빗대지 않고도 현실세계에 적응해 가는 착실한 방법으로 스스로 실행해 가도록 요구되는 것이다.

아이들을 꾸짖을 때도 우선 첫째 목적은 선, 악을 분명히 하는 것이다.

『탈무드』에는 대홍수 때 '선(善)'이 노아의 방주에 태워 달라고 하자 "무엇이든 짝을 이룬 것만을 태운다."고 거부당해 짝이 될 상대를 찾다가 '악(惡)'을 데리고 배로 돌아왔다는 얘기가 있다.

선과 악은 동전의 앞뒤처럼 언제나 서로 동반하고 있다. 우리는 아이들 내면에 올바른 가치기준을 만들려고 한다.

'꾸짖는다.'는 것은 바로 그 선과 악을 구별하는 하나의 기준을 부모의 책임 하에 자식에게 주기 위한 행위라고 생각한다.

아이에 대한 최대의 벌은
부모의 침묵이다

부모의 침묵이 아이에 대한 벌로서 효과적일 수가 있다

아이에게 어떤 벌을 줄 것인가?

이것은 아이의 나쁜 버릇을 고치는 요체라고 할 수 있겠다. 다시 말하면 어떤 벌을 얼마나 효과적으로 주느냐 하는 것이 대단히 중요한 것이다.

예를 들면 아이가 만져서는 안 될 것을 만졌을 때 "손으로 만지지 말라고 했잖아." 하고 입으로 야단치는 경우 또는 손으로 아이를 때려서 금지시키는 경우 등 여러 가지가 있다.

즉 아이가 저지른 일이 얼마나 나쁜 일인가를 알게 하기 위해서 갖

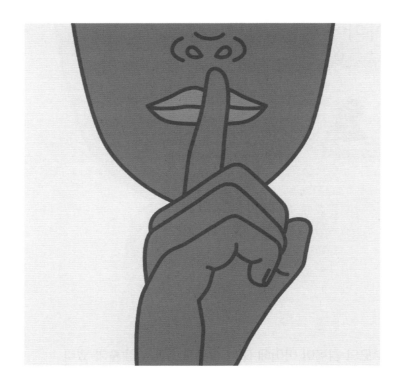

가지 벌하는 방법이 행해지는 것이다.

이것을 잘 하지 않으면 부모의 주의나 경고는 아이에게 아무런 강제력도 없는 것이 되어 버려 제멋대로 하는 아이로 자랄 수 있다.

아이의 버릇을 고치는 것은 어느 사회나 마찬가지이겠지만, 유대인 부모도 아이에 대한 처벌 방법에 적지 않은 고심을 하고 있고 엄격하다는 점에서는 어느 사회에 뒤지지 않는다.

밖에서 돌아온 아이가 문을 열고 코트를 벗은 다음 코트를 아무렇게

나 내던져 놓기라도 한다면, 그때는 벌써 큰 소리가 나오게 되는 것이다.

못된 짓을 하면 엉덩이를 때리고 뺨을 갈겨 주는 일도 사양하지 않는다.

그러나 여기서는 그보다 한층 무거운 특수한 벌로서 침묵이라는 벌을 얘기하려 한다.

내 딸이 세 살적에 친구한테서 선물 받은 유리잔을 갖고 다니는 것을 발견한 일이 있다. "깨뜨리면 안 되니까 아빠한테 다오." 하고 말했으나 딸은 "안 깨뜨려요." 하며 꼭 쥐고 내 주려 하지 않았다.

나는 체념하고 그냥 두었더니 몇 분 안 가서 쨍그랑 바닥에 떨어뜨려 유리잔을 박살내고 말았다. 나는 화를 냈다.

"그러니까 내가 말했잖아. 이제 너하곤 말하지 않겠다. 너도 나한테 말 걸지 마!"

그 뒤 30분간 나는 침묵을 지켰던 것이다.

아빠와 아이의 커뮤니케이션 수단인 언어를 단절한다는 것은 아이에 대한 최고, 최악의 벌이라고 나는 생각한다. 침묵하고 있을 동안 아이와의 교류를 완전히 무시해 버리므로 그보다 더 무서운 벌은 없다.

경우에 따라서는 엉덩이를 때리는 것 보다 훨씬 더 아이의 마음을 무겁게 덮치는 벌인 것이다.

아이는 당황하면서 자기가 저지른 일에 대해서 생각하지 않을 수 없게 된다.

그러나 자주 사용할 수 있는 수단은 못된다. 앞서의 예와 같이 이미 말로 주의한 것을 지키지 않다가 그 결과 최악의 사태를 초래한 경우,

또는 부모를 모욕하는 언동을 취했을 때, 예의와 범절의 근간이 흔들리는 경우에서만 사용할 수 있는 '무기'라고 할 수 있다.

부모의 뉘우침도 포함된, 아이에 대한 침묵

이 '침묵'은 한편으론 부모 자신에 있어서도 상당히 가혹한 벌이다. 유대인은 세계에서 수다쟁이 민족이라고 할 정도로 커뮤니케이션을 중시한다.

성전 『탈무드』에는 입이나 말에 관한 속담이 허다하게 보인다.

「이스라엘은 누에다. 언제나 입을 움직이고 있다.」라는 속담도 있다.

이스라엘은 지도에서 보면, 기다란 누에처럼 지중해에 연하여 누워있다.

누에에는 수다쟁이라는 의미도 들어 있다고 한다.

이러한 연유로 아이에 대해서 침묵을 지키는 것은 부모 자신이 버릇을 잘못 들인 자기도 벌하고, 동시에 자식에의 사랑도 확인하게 되는 것이다.

'침묵'의 효용은 벌을 받는 쪽과 주는 쪽 양쪽에 대화의 커뮤니케이션을 끊음으로서 긍정의 심리작용을 일으키게 한다는 점이 다른 벌과는 다른 것이라고 할 수 있겠다.

위협해서는 안 된다
벌하느냐 용서하느냐 뿐이다

부모의 모호한 태도는 아이들 마음의 건강을 해 친다

유대인들은 '건강'이라는 것을 대단히 중요하게 생각한다.

건강에는 신체의 건강이 있으며 이를 위해 유대인들은 청정한 코샤 푸드를 먹고, 먹기 전에 손을 씻는 것 등 종교적인 계율도 지키고 있다.

그러나 그보다 더욱 중요한 마음의 건강이란 것이 있다.

마음의 건강이란 몸의 컨디션이 좋지 않고, 개운하지 않은 것 같은 상태 속으로 인간의 마음이 빠져 들지 않게 하는 것을 말한다.

즉 아이의 마음 상태가 우울하여 기분이 좋지 않고 주저주저하여 부모의 눈치나 보는 것을 피하는 것이다.

이와 같이 아이의 마음을 억압하지 않고, 솔직하고 겉과 속이 같은 마음을 갖게끔 하는 방법의 하나는 부모가 자식에게 명쾌하게 대하는 것이다.

아이를 대할 때 부모가 항상 명쾌한 태도를 취한다는 것은 아이들의 마음을 건강하게 하는 데 있어서 빼 놓을 수 없는 요소이다.

부모가 아이들을 대하는 명쾌한 태도가 어떤 것인가에 대해서 유대인의 속담은 다음과 같이 말하고 있다.

「아이를 위협해서는 안 된다. 벌하느냐, 용서 하느냐의 어느 쪽인가를 택해야 한다.」라는 것이다. 우리는 벌하려고 마음 먹었으면 결코 도중에서 어물거리는 일은 없다.

그 대신 벌하지 않기로 했으면 모든 것을 잊고 모든 것을 용서해 버린다.

지그문트 프로이트에게는 7명의 충실한 제자가 있었다.

제자들은 주피터의 두상이 새겨진 고대 로마의 반지 모조품을 프로이트로부터 선물 받고 단결해서 정신분석 학계를 지도해 나가기로 다짐했다.

그런데 제자 중 한 사람인 랭크가 프로이트 학파로부터 배반하여 자신의 학파를 형성했다. 랭크는, 프로이트가 끌어들여 정신분석 훈련을 쌓게 한, 프로이트에게 있어서는 마치 자식과 같은 제자였다.

그러나 이 랭크의 배반에 대해서 프로이트는 "나는 하나부터 열까지 모두 용서했다. 이제는 끝이 났다."하고 담담하게 말했을 뿐이었다고 전해진다.

이 에피소드는 프로이트와 랭크의 사제관계에 있어서 스승이 실로 명쾌한 결단을 내린 좋은 예이다.

이 같은 명쾌한 결단이 부모와 자식 간에 내려졌다면 자식은 어떤 태도를 나타 내게 될까? 그렇다. 자식은 벌 아니면 용서라는 분명한 태도로 불필요한 마음의 부담을 느끼지 않고 넘어 갈 수가 있다.

반대로 부모가 벌 또는 용서의 어느 쪽인지 분명치 않은 모호한 태도를 취하게 되면 자식은 도대체 나는 어떻게 해야 하나? 하는 불안을 떨어버릴 수가 없는 것이다.

동양의 부모들에게서 자식에 대한 이 같은 어정쩡한 태도를 많이 보게 된다. 즉 부모는 분명하게 야단치는 것도, 용서 하는 것도 아닌 채 중얼중얼 잔소리를 하는 상태이며, 또한 그러한 부모의 태도가 반영되어 아이들은 이것도 저것도 아닌 불안정한 심리상태가 되는 경우가 많은 것 같다.

위협은 아이의 마음 건강에 가장 나쁜 것이다

귀중한 그릇을 깨뜨린 아이에게 "도대체 이런 일을 저지르면 어떻게 되는지 아니. 무슨 벌을 받아도 할 말이 없어. 내 이번엔 가만 두지 않을 거야." 등의 엄포를 놓으면 아이들은 겁에 질려 버릴 것이다.

아이를 위협하는 행위는, 용서하는 것도 벌하는 것도 아니면서 아이로 하여금 무슨 일이 닥칠지 모른다는 불안감을 일으키게 하는, 결

과적으로 아이에게 불안정한 요소를 끌어 들일 뿐 아무런 이득도 없다고 생각한다.

즉 부모가 아이에게 명쾌한 결단을 내리지 않는 데서 오는 행동이 엄포로 이어지는 것이라고 생각하는 것이다.

물론 동양 어머니들의 '잔소리'는 다른 요소도 포함하고 있다고 생각하지만, 언제나 아이들의 마음을 억압하고 있다는 점에서 엄포와 같는 것이라고 생각된다.

부모가 분명하게 가려서 벌을 준다는 명쾌한 태도가 솔직하고도 겉과 속이 같은 아이를 만드는 것이라고 생각한다.

부모가 체벌을 삼가면
아이가 잘못된다

아이를 때릴 땐 구두끈으로 한다

유대인은 아이가 잘못된 일을 했을 때 지혜의 원천인 머리를 제외하고 다른 부분을 체벌하는 것을 주저하지 않는다.

나는 아이와 외출했을 때 아이가 타인에게 해서는 안 될 말을 하면 설령 아무리 중요한 일이 있더라도 바로 집에 데리고 돌아와 엉덩이를 때리고 야단을 친다. 내 친구 중에는 길거리 같은 장소에서도 아이가 나쁜 일을 했을 때는 그 자리에서 야단치는 사람이 있을 정도이다.

체벌은 부모의 손, 또한 부모의 입(즉 말로 야단치는 것)이나 눈(즉 침묵의 질책)과 마찬가지로 아이를 바르게 키우기 위한 장치라고 생각한다.

체벌은 아이들에게 실질적인 아픔 때문에 자기 행위를 반성시키는 효과가 있다.

그러므로 아이의 잘못을 고쳐 주는 데 필요하다면 당연히 아이의 몸에 고통을 주는 것도 어쩔 수 없는 일이다.

체벌을 하는 것을 주저한 것 때문에 아이가 잘못된 일을 아무렇지도 않게 하는 부모가 된다면, 부모는 자식에 대한 책임을 회피해 왔다는 말을 들어도 어쩔 수 없다.

체벌에 대해서는 구약성서도 몇 군데에서 언급하고 있다.

「초달(楚撻)을 차마 못하는 자는 그 자식을 미워함이라. 자식을 사랑하는 자는 근실히 징계하느니라.」(잠언 제13장 24절)

어떤 아이건 네 멋대로 하라고 응석을 받아주고 방임하는 것은 부모의 책임을 다하지 못한 것일 뿐만 아니라, 미워하는 것과 같다는 뜻이다.

다시 말하면 참으로 자식을 사랑하는 부모라면 체벌을 할 수 있는 것이며, 이것을 하지 못하는 부모는 자식을 미워하고 있다고 남들이 생각해도 어쩔 수 없다는 것이다.

또 다음과 같은 구절도 있다.

「아이의 마음에는 미련한 것이 얽혔으나 채찍이 이를 멀리 쫓아내리라」(잠언 제22장 15절), 「꾸지람이 지혜를 주거늘 임의로 하게 내 버려두면 자식은 그 어미를 욕되게 하느니라」(잠언 29장 15절)라고 했다.

어느 것이나 체벌이 자식의 잘못을 가르치는데 필요하며, 이것이 지혜마저 준다는 것을 강조하고 있는 부분이다.

물론 우리는 '채찍'을 가지고 아이들을 때리지는 않는다. 이것은 상징적인 의미로 나타낸 말이며 부모의 손으로 직접 체벌하는 것은 미움이 아니라 '사랑의 채찍'임을 명확하게 해주고 있다.

유대인의 격언에는 「아이를 때려야 할 때는 구두끈으로 때려라」라는 말도 있다.

다시 말하면 체벌의 목적은 아이에게 육체적 고통을 주는데 있는 것이 아니라, 잘못의 교정에 있는 것이므로, 아이에게 상처를 주거나 다치게 하는 체벌은 피하는 것이 당연하다.

자신에게 자신이 없는 부모는 자식을 때리지 말라

요즘은 부모들이 별로 아이들을 때리지 않는다고 한다. 체벌을 일반적으로 야만이라고 생각하는 풍조가 강해진 탓이겠다.

그러나 체벌은 자식에게 비뚤어진 고통을 주려는 목적에서 사용될 때만 야만인 것이지 비뚤어진 아이의 마음을 고치는 수단으로서는 야만이 아니다.

오히려 체벌은 그 수단과 정도를 잘 가려서 한다면 장려할 만 한 것이다.

그러므로 부모가 사사로운 감정에 이끌려 아이를 마구 때리는 것이 아니라면 아이는 부모의 손에서 애정의 감성을 느낄 것이다.

체벌을 삼가는 것은 부모 자신이, 자신에 대해 확신이 없기 때문이 아닐까?

어떤 경우이든 자신이 믿고 있는 가치가 옳고, 이것을 자식에게 전하는 것이 부모에게 주어진 역할이라는 의식이 있다면 이와 같은 체벌을 포함한 모든 수단을 동원해서 자식에게 전해 주려 노력해야 할 것이다.

부모가 스스로의 신념에 대해서 자신감을 잃고, 자식을 어정쩡하게밖에 훈계하지 못하면서 자기 자식만은 신념 있는 아이가 되기를 기대하는 것은 대단히 무리한 얘기이다.

체벌을 혐오하는 풍조는 민주주의와는 상관없이 자신감을 잃은 부모들이 글자 그대로 자식에게 손도 대지 못한 채 단지 자식을 지켜보기만 하는 상태를 반영하고 있는 것처럼 보인다.

특정한 일은 특정한 시간 안에
다하는 습관을 붙여주라

매일의 습관 속에서 시간의 중요성을 가르쳐라

유대인 가정에서의 아이들은 저녁에 아버지가 귀가하기 전에 샤워를 하고 옷을 갈아 입고 있어야 한다. 그 이유는 아버지가 돌아오면 곧 샤워를 하고, 이것이 끝나야 가족 전원이 저녁 식탁을 대할 수 있기 때문이다.

저녁때의 가정시간을 유효하게 사용하고 있는 한 예이다.

이처럼 정해진 일은 정해진 시간 안에 끝내는 훈련을 항상 철저히 받고 있는 것이 유대인 아이들이다.

샤워 뿐 아니라 모든 시간제한이 있어 그 안에 완성하도록 되어 있다.

또 안식일은 금요일 일몰서부터 시작하는데, 학교에 다니는 아이들은 서둘러 귀가하여 숙제를 마치고, 목욕을 하고 민첩하게 가장 좋은 옷으로 갈아 입는다.

이런 점으로 보아 매일, 매주, 아이들은 시간과의 승부를 하고 있다고 해도 결코 과언이 아니다.

이렇게 해서 아이들은 자기가 해야 할 일을 한정된 시간 안에 하는 습관을 '자연히' 몸에 익히게 되는 것이다.

또 유대교 축제 때도 아이들은 시간의 중요성을 깨우치도록 되어 있다.

또한 봄의 대축제인 유월절(PASSOVER)에는 과자 같은 음식이 주식이 되어 빵을 먹을 수가 없다. 샌드위치를 좋아하는 나의 아들과 딸에게 이보다 괴로운 일은 없을 것이다.

그러나 이 '축제'가 계속되는 7일 동안은 참고 견디어야 할 의무가 있다. 이렇게 해서 시간의 중요성을 거의 '생리적'으로 이해하게 되는 것이다.

유대인에게 있어서 시간은 인생의 전부라고 해도 결코 과언이 아니다.

유대인은 불교나 그리스도교와 같이 재생이나 윤회를 믿지 않는다. 다시 한 번 더 태어나리라고는 절대로 생각하지 않는다.

그러니까 이 짧은 자기의 생애 동안에 어떻게 시간을 유용하게 쓰느냐 하는 것에 관심을 갖는 것이다.

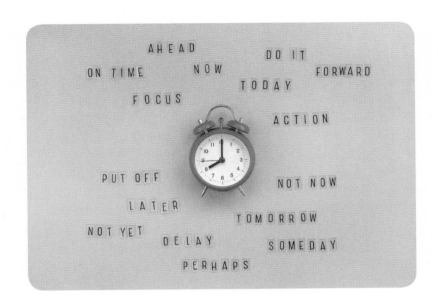

시간 관리가 공부의 기초임을 가르쳐라

유대 청소년들의 성인식(바르 미스바)은 13세가 되면 거행하는데 이때 선물은 손목시계로 하는 것이 보통이다.

손목시계를 선물함으로서 시간을 낭비하지 않는 사람이 될 것을 가르치고 다짐 받는 것이다.

「내일엔 내일의 바람이 분다.」는 식의 사고방식은 유대인에게는 없다. 유대인에게는 오늘의 일을 오늘이라는 시간 안에 어떻게 완성하느냐 하는 시간표 짜기에 익숙해져 있으므로 그 시간표에 따라 일을 하는 것을 규칙으로 삼고 있다.

흔히 엄마들이 아이들이 공부를 너무 안 해서 걱정이라는 말을 많이 하지만, 나는 이것이 아이나 부모가 시간 관리의 습관이 없기 때문이라고 생각한다.

아이들이 공부하는 스케줄을 세워도 무리한 것임을 알고 몇 번이고 변경하는 동안에 공부가 싫어지고 엄마는 오직 장시간 책상 앞에 앉아 있는 것만이 공부라고 믿고, 될 수 있는 한 책상에 붙들어 매두려는 생각만 할 뿐, 단시간에 능률적으로 공부하는 것을 아이들에게 가르치지 않는 것이라고 생각하는 것이다.

시간을 유용하게 사용하는 방법은 아이가 학교에 들어간 뒤에는 이미 늦은 것 같으며, 유아일 때 부모가 생활의 리듬을 만들어 주는 것이 필요하다.

식사는 30분 안에 끝내게 하고 그 이상 한눈을 팔며 식사 시간을 끌면 곧바로 상을 치워버리는 것은 당연한 일이다.

이렇게 해서 아이들은 30분이란 시간의 중요함을 알고 그 시간 동안 유용하게 식사하는 것을 몸에 익히게 하는 것이다.

우리 집에서는 TV를 보여주지 않는다.

아이들은 아침 짧은 시간에 기상, 세수, 식사, 옷 갈아입기 등 많은 일을 해야 한다. TV에 뺏길 시간은 없는 것이다.

TV에 주의를 빼앗김으로서 아이들에게 필요한 일이 소홀히 되는, 시간 관리를 해서는 안 된다고 생각한다.

결국은 유아기의 시간 관리가 앞으로의 능률적인 공부방법의 기초가 되는 것이다.

가족이 함께 모이는 식사 시간도
좋은 교육의 기회이다

37

식당에는 TV를 놓지 않는다

나는 요전 날 어느 집에 초대되었을 때 매우 이상한 체험을 했다.

그 집 사람들과 우리 부부가 식탁 앞에 앉아 식사를 시작했을 때의 일이다. 초등학교 4학년쯤 되어 보이는 그 집 아들이 벌떡 일어나더니 식탁 구석에 있는 TV스위치를 켰다. TV는 마침 우리 모두가 볼 수 있는 위치에 있었다. 나의 경우 식사하면서 TV를 보는 습관이 없기 때문에 이런 모습은 생소 하였다.

TV에서는 이른바 '홈드라마'라는 것을 하고 있었으며 TV안에서도 가족이 모여 식사하고 있었다.

출연자들은 마침 우리처럼 TV를 보면서 식사하고 있었다.

TV를 보면서 식사하고 있는 우리들 앞의 화면에서 출연자들 역시 똑같은 TV를 보면서 식사하고 있는 것을 본다는 것은 묘한 느낌이 들도록 했다. 나아가서 지금 이 시각에 이 나라의 모든 가정에서 이런 광경을 볼 수 있는 것일까? 하고 문득 의문을 가져보기도 했다.

듣건대 상당한 가정이 TV없이는 식사를 안 한다고 하였다.

식사시간은 아이들에게 마음의 양식을 주는 기회이다

이와 같은 얘기는 나에겐 큰 놀라움이었다. 유대인은 구약성서에 의해 깊이 맺어져 있다.

TV는 오락일 뿐이지 가족 모두가 동시에 몰입할 것은 아니라고 생각하기 때문이다. 앞서 말한 바와 같이 유대인에게 있어 식탁은 무엇보다도 신성한 장소이므로 더욱 그렇다. 우리들이 식탁에 TV를 끌어들이지 않는 또 한 가지 이유는 TV프로에는 갖가지 종류가 있어서 한 가지 프로에 가족 모두가 똑같이 흥미를 갖는다는 것은 있을 수 없기 때문이다.

아이들에겐 아이들을 위한 프로가 있고, 어른에게는 어른이 보는 프로가 있다. 이같은 이유에서 만약 가족이 TV만을 화제 삼아 얘기하고 있다면 그것은 '회화'는 될지언정 '대화'는 될 수 없다.

요즘 부모와 자식 간의 대화 단절이 거론되고 있는데, 그 한 원인은 식탁에 TV가 있기 때문이 아닌가 생각해 본다.

식사시간은 가족이 서로 마주보고 유대감을 확인하는 장소여서 가족 구성원이 한자리에 모이는 절호의 기회인 것이다. 이것은 아이들에게 있어서도 가장 즐겁고 교육적으로 유익한 시간이 될 것이다.

그런데도 이 귀중한 시간에 TV, 신문 등을 끌어옴으로서 이런 기회를 놓쳐 버리고 가족 유대감을 허술하게 하는 느낌이 들게 하는 것은 유감이다.

아이가 어릴 때는 외식에
데리고 가지 마라

38

유아는 외식에 데리고 가지 않는다

나는 레스토랑에서 자녀를 동반한 부모들을 자주 본다.

부모와 자녀의 사이가 좋아지고, 집에서 식사하는 것과는 색다른 분위기에서 식사하는 것은 즐거운 일이다. 그러나 한 가지 내 마음에 안 드는 것은 때때로 같이 나온 자녀 중에 아직 두 세 살 밖에 안 되는 유아가 있다는 것이다.

가족이 모두 함께 즐겁게 식사하는 것이 왜 나쁜가 하고 생각하는 사람도 있겠지만, 우리 상식으로 보면 이같은 연령의 유아는 밖에서 식사하는 즐거움을 아직 이해하지 못하므로 우리는 데리고 가지 않기로 하고 있다.

즉 밖에서의 식사가 유아에게는 전혀 불필요하기 때문이다.

확실히 유아들이 레스토랑에서 식사를 하면 주변과 상관없이 까불며 돌아다니고 큰 소리를 내어 다른 손님에게 폐를 끼치게 된다. 또 음식을 흘려서 음식점 주인측에게도 환영 받지 못할 수 있다.

밖에서 식사하는 경우를 생각해 보면 생일 등 특별한 경사가 있을 때이다. 또 집에서는 먹을 수 없는 것을 찾아 외식하는 경우도 있다.

혹은 단순한 기분 전환일 수도 있겠다. 어른에게는 어느 경우이든 그나름대로의 의미가 있지만, 유아에게는 어느 경우이든 해당하지 않는다. 아이들이 평소와 다른 상황에서 식사가 나오는 것을 보고 흥분할 뿐이지 아무런 수확도 없다고 우리는 생각하고 있다.

이와 같이 밖에서 식사 하는 의미를 정당하게 평가할 수 없을 경우는 외식에 데리고 가도 아이들에게 조금도 플러스가 안 되는 셈이다. 또 부모들이 이로 인해 적지 않게 즐거움을 덜게 되는 수도 있다. 즉 어른들에게는 즐거운 일일지라도 아이들에게는 불필요한 일인 것이다.

아이들이 불쌍하다고 생각할지도 모르겠지만 우리들은 어른들만으로 밖에서의 식사를 즐기고 있다.

타인과 협조가 반드시 『자기희생』일수는 없다

성전 『탈무드』 가운데 「날마다 오늘이 당신 최고의 날이라고 생각하라」는 말이 있다.

하루 하루, 일순간을 최고의 인생처럼 사는 것이 '저승'을 믿지 않는 유대인의 생활방식이다.

그러므로 레스토랑에서의 식사도 우리들의 귀중한 생의 한 순간이며 내일은 어떻게 될지 모르기 때문에, 오늘에 충분히 충실해야 하는 것이다.

다시 말하면 개인주의에 투철한 유대인은 자기에게 충실하게 사고하여 행동하는 것의 결과로서 타인과의 협조가 이어지는 것이라고 생각하고 있다.

동양에서는 타인과의 협조라고 하면 곧 '자기희생'이라는 말이 나오는데 이런 것도 유대인의 사고방식에서 보면 매우 불합리한 것으로 생각된다.

한 돌이 될 때까지는 부모가
식탁을 함께 하지 마라

39

식탁은 인격 형성의 또 다른 장소이다

앞에서도 말했듯이 아이가 단순한 가족의 한 구성원으로서가 아니라 가족과 무엇인가 교류를 한다는 의미에서 가족의 일원으로 참가하는 최초의 장소는 식탁이다. 이것은 테이블을 둘러싸고 가족이 얼굴을 맞대었을 때 어른들은 물론, 어린아이도 좋은 정서를 느끼기 때문이라고 생각한다. 물론 그 느낌에는 아이들의 연령에 따라 상당한 차이가 있을 것이다.

이를테면 아직 말을 전혀 못하는 아이와 말을 할 수 있게 된 아이와는 같은 식탁에 앉아 있어도 느껴지는 정서는 전적으로 다를 것이다. 아무리 식탁이 가족 교류에 중요한 장소라고 하더라도 아이가 한 살도 안 되었을 때 동석시킬 필요는 없다고 생각된다. 왜냐하면 젖먹이인 경우 때때로 식탁에의 참가자가 아니라 방해자가 될 경우가 있기 때문이다.

젖먹이는 식탁에서의 법도를 모르고 자기 몸을 자유로 움직일 수 없는 핸디캡도 있기 때문에 즐거워야 할 식탁을 엉망진창으로 만들어 버린다. 그러나 어리다고 해서 언제까지나 가족과 따로 식사를 시킬 수만은 없다. 그래서 우리는 이 경계선을 첫 돌날에 두고 있다.

이 무렵부터 비로소 아이는 부모와 식사를 함께 하는 것을 허용 받게 된다. 부모가 먹는 법을 가까스로 흉내 낼 수 있는 수준에 도달하기 때문이다.

한동안은 식탁의 방해자일 수밖에 없지만 어떤 아이는 부모의 흉내를 내면서 식탁에서의 매너를 배워가는 것이므로 우리들도 웬만한 것은 눈감아 주면서 아이들에게 협력해 준다.

먹는 법에도 『인간다움』을 생각한다

유대인은 동물도, 인간도 똑같이 하는 행위에 대하여는, 인간이 동물의 일종이기는 하지만 또한 그것을 초월한 존재라는 의미에서 특히 주의해야 한다고 생각하고 있다. 단적으로 말해서 동물과 인간 양쪽이 모두 같이 하는 행위는 섹스와 먹는 것이다.

먹는 경우에는 동물처럼 눈앞에 먹을 것이 있다고 곧 입에 대거나

손으로 먹어서는 인간으로서 격에 맞지 않는다고 생각한다.

아이에게 일찍 포크나 나이프, 젓가락 같은 것을 사용하여 먹을 수 있게 하는 것이 인간답게 먹기 위한 첫걸음, 즉 동물이 안 되는 제1보이다.

그러므로 아이가 부모와 함께 하는 것은 무엇보다 동물 졸업 훈련이라고 생각해도 좋겠다. 그리고 조금 지나면 식탁에서 형성되는 가족의식을 심어 주어야 한다. 유대인은 식탁을 인격 형성의 장소로서 중요시하고 있다.

아이의 편식을 버려 두면
가족과의 일체감이 없어진다

 40

이 음식점엔 이 메뉴밖에 없다

앞에서도 말했지만 서양 사람들이 JEWISH MOTHER(유대의 어머니)라는 영어에서 제일 먼저 연상하는 것은 '교육에 극성인 엄마'이고, 다음으로 연상하는 것은 아이에게 '많이 먹어라'라고 말하는 엄마이다. 사실 유대인은 집요할 정도로 많이 먹을 것을 아이에게 권한다.

흔히 "치즈는 단백질이 많이 들어있으니까"라든가 "시금치는 철분이 많으니까" 등등 영양학적인 이유를 붙여서 아이가 싫어하는 음식을 먹이려고 애쓰는 사람이 있다고 들었다.

그러나 우리는 "먹어라, 먹어라" 하고 집요하게 말할 때는 그와 같은 '과학적'인 이유를 설명하지 않는다.

이렇게 말하면 지나치게 소박하게 들릴지 모르나 아이에게는, 특히 유아에게는 '성장'이라는 것이 가장 중요한 것이다. 더구나 모든 음식은 성장의 에너지가 되는 것이므로 아이가 자라서 어떤 삶을 누리게 되든지 간에, 타인에게 뒤떨어지지 않는 '건강'를 만들어 주는 것이 부모의 임무라고 우리는 믿고 있는 것이다.

이 같은 이유에서 아이들이 싫다 좋다 말하는 것을 허용할 수는 없는 것이다. "싫으니까 안 먹어" 하고 말하는 것을 아무 소리 않고 내버려 두면 그만큼 아이의 성장이 늦어지게 된다.

내버려두는 것은 책임회피와 같은 것이 된다. 물론 아이 자신은 그때 그때 기분으로 먹는 것이니까 일일이 영양학적 근거에서 설명해도 알아들을 리 없다.

유대인의 어머니들은 "먹어라."라고 집요하게 연거푸 말 할뿐이다. 이것이 부모로서의 책임을 완수하는 유일한 길이므로 하는 수 없는 것이다.

아이가 아무리 해도 안 먹을 때는 "이 식사에는 이 메뉴밖에 없어. 싫으면 딴 데 가서 먹어." 하고 선언할 때도 있다. 부모가 참을성 있게 "먹어라. 먹어라" 되풀이 말하면 아이는 대개 먹게 되니까 편식 같은 것은 생길 수 없다고 생각한다.

단 앞에서 말한 것처럼 초콜릿이나 과자 따위의 자극성 강한 음식에 대해서는 아이의 몸에 나쁜 영향을 줄 가능성이 있으므로 결코 "먹어라."라고 말하지 않는다.

어머니가 만든 식사는 가족을 단합시킨다

아이가 학교에 갈 무렵이 되어 판단력이 서게 되면 음식을 가리는 문제는 더욱 엄하게 다룬다. 앞에서 말했듯이 식사는 동물처럼 단지 먹기만 하면 좋은 것이 아니다. 식사는 가족이 모여 결합을 굳게 하고 신을 축복하는 기회라고 유대인은 생각한다.

아이들이 자라남에 따라 식사는 단지 성장을 위한 것만은 아니라는 것을 자식에게 뚜렷하게 일깨워 줄 필요가 있는 것이다.

싫은 것, 좋은 것을 인정하여 가족과 다른 것을 먹는 것을 허락한다는 것은 가족의 일체감을 깨뜨리는 원인도 된다. 이러한 위험이 있기 때문에 유대인은 음식 가리는 것을 인정하지 않는다.

부모가 육류를 먹고 있는 옆에서 아이가 생선을 먹고 있다면 가족이 따로따로 살아가는 것을 장려하고 있는 것과 같은 것이다.

나는 그런 광경을 생각만 해도 등골이 오싹해지는 느낌이 든다.

유대인 가정에서는 어머니가 정성스럽게 만든 음식이 가족의 마음을 맺어 주는 가장 중요한 역할을 하여 식사라는 의식을 더욱 돋우어 주게 되어 있다. 그러므로 아이들도 식사의 의미를 알게 되는 연령이 되면 음식에 대해 싫고, 좋고를 얘기해서는 안 되는 것이다.

몸을 청결히 하는 위생은
외견상 목적 이상의 의미를 갖는다

몸을 깨끗이 하면 마음도 깨끗해진다

어머니가 아이의 버릇을 가르칠 때 제일 먼저 하는 것 중에 식사 전
에 손을 씻는 습관을 길러 주는 것이 있다. 손을 씻는 것 뿐만 아니라
자기 몸을 깨끗이 하고 단정한 외모로 사람을 대한다는 것은, 우리가
사회 생활을 영위해 나가는데 있어서 지켜야 할 의무라고 유대인은
생각하고 있다.

이러한 사고방식은 다른 나라에 있어서도 마찬가지라고 생각하지
만 유대인 가정에서는 여기에 또 한 가지 중요한 뜻을 두고 있다. 손을
씻게 하고 식탁 앞에 앉아 식사를 시작할 때 까지는 절대로 입을 열어

서는 안 된다고 아이에게 가르치는 것이다.

이렇게 함으로서 신을 축복하는 것이다.

유대인에게 있어서 손을 씻는 행위는 신과 만나는 신성한 행위이며 그러므로 이것은 절대로 잊어서는 안 되는 일인 것이다.

유대인의 교회에서는 입구에 물을 담는 그릇이 있어 손을 씻게 되어 있다.

지금부터 2천 년 전의 옛날 얘기인데 이스라엘에 랍비 히렐이라는 대승정이 있었다. 그는 수많은 랍비 중에서도 가장 위대한 인물의 한 사람으로 그의 말이 후세에 전해 내려오고, 그리스도의 말은 실은 히렐을 인용한 것에 지나지 않다고도 알려져 있다.

이 위대한 랍비 히렐이 어느 날 거리를 바쁘게 지나가고 있었다.

제자가 까닭을 물으니 "종일 일을 하고 싶어 급히 가는 중이다."라고 대답했다. 그래서 제자도 그의 뒤를 따라갔더니 공중목욕탕에 들어가 몸을 씻기 시작하는 것이었다.

놀라서 눈이 동그래진 제자에게 히렐은 "자기 몸을 청결히 하는 것은 선행인 것이다."라고 가르쳤다고 한다.

나는 종종 아이들에게 이 얘기를 들려주는데, 반드시 이렇게 덧붙여 말한다.

"방을 깨끗히 청소하고 교회를 깨끗히 청소 하는 것도 필요한 일임에 틀림없다. 그러나 먼저 네 몸을 깨끗하게 하라. 이것이 선행의 시작이다."

청결은 과학적으로도 종교적으로도 뜻 있는 행위이다

유대인이 청결을 좋아하는 것은 예전부터의 전통이며 다음과 같은
에피소드도 있다.

중세의 유럽에서는 페스트가 유행하여 인구의 3분의 1이 죽은 일이
있었다. 그때 페스트를 유대인이 퍼뜨렸다는 소문이 떠돌았다.

왜냐하면 유대인만이 페스트에 걸리지 않았기 때문이다. 유대인만
이 페스트를 면한 진짜 이유는 간단하다.

당시 그리스도교인들에게는 목욕하는 습관이 없었다.

그 당시에는「그리스도교인들로부터 돈을 감추려거든 비누 밑에 놓
아두라.」는 조크가 있을 정도로 어쩌다 한 번씩 밖에 목욕을 하지 않
았기 때문에 비누를 거의 사용하지 않았다고 한다.

그런데 유대인에게는 목욕하는 습관이 있어서, 식사 전에 손을 씻고 화장실에 다녀온 뒤에도 반드시 손을 씻는 것은 종교상의 규칙이기도 했다.

이 청결함 덕택으로 유대인은 페스트에 감염되지 않았던 것이다. 이 것은 유대인에게 있어서 청결이 생활속에서 차지하는 비중이 대단함을 보여주는 에피소드이기도 하다.

유대인은 신앙이 두터운 민족이기도 하지만 또 대단히 현실주의적인 생활태도를 지켜 내려 온 민족이기도 하다.

몸을 청결히 하는 것이 신에게 이어진다는 신앙은 동시에 건강이나 위생이라는 과학적인 이유에서도 뒷받침 되고 있는 것이다. 즉 건강에 관한 생활의 지혜가 고대 유대인에 의해 신앙에까지 승화되었다고 말할 수 있다. 그렇기 때문에 현재에 이르기까지의 생활속에서도 그 습관이 계승되어 온 것이다.

이와 같이 유대인은 청결의 필요성을 아이에게 가르쳐 손을 씻고 샤워를 하는 것이 질병을 막고 외모를 아름답게 하며 타인에게 불쾌감을 주지 않을 뿐 아니라, 신앙과도 연결됨을 설명함으로서 아이들의 마음속에 그 습관이 보다 확고하게 뿌리 내리도록 하고 있다.

현대에서도 의식처럼 되어버린 청결습관을 통하여 단정한 태도와 경건한 마음으로 사물에 접하는 마음가짐을 기를 수가 있다고 생각한다.

용돈은 저축을 배우는
좋은 계기가 된다

돈은 쓰는 것보다 저축하는 것을 먼저 가르쳐라.

유대인의 아이들 가운데는 용돈을 받는 아이와 받지 않는 아이가 있다. 용돈을 반드시 아이들에게 줄 필요가 없다고 유대인들은 생각하기 때문이다.

아이들의 생활에 필요한 것은 부모가 사 주던가, 아이들이 요구하여 필요한 액수의 돈을 얻어서 사기 때문에 그 이상으로 아이들 생활에 돈이 필요치 않기 때문이다.

물론 고등학교에 다니게 되면 다르겠지만 적어도 초등학교까지의 아이들에게는 용돈이 절대 필요한 것은 아니다.

만약 아이들에게 용돈을 준다면 돈을 쓰게 하기 위해서이기보다는, 아이들에게 저금하는 것을 가르치게 하기 위해서 일 것이다.

나의 친구는 아들이 여덟 살이 되자 처음으로 용돈을 주면서 "필요하게 될 때까지 보관해 두어라." 하고 말했다고 한다. 그러자 그 아이는 곧 은행으로 가서 자기 계좌를 만들었다고 한다.

아이는 은행원이 "꼬마야, 이자가 붙으니까 점점 불어날 거야." 하는 말을 듣고 매우 불안해 졌다. 아이로서는 '이자'의 개념을 몰라 여우에 홀린 기분이었던 모양이다.

그 뒤 한동안은 매주 한번 씩 은행에 가서 자기의 소중한 돈이 무사한지 여부를 확인했다고 한다.

유대인의 아이들은 일상 생활에 있어 돈으로 물건을 산다는 습관이 붙어 있지 않다.

용돈은 저축하는 것이라고 생각하는 것이 일반적이어서, 부모가 개입되지 않은 아이들끼리의 '교제'에서만 돈을 쓰도록 버릇 들여져 있다.

친구가 놀러 와서 아이스크림을 먹기로 했더라도 반드시 어머니에게 "아이스크림을 사고 싶은데 용돈을 써도 괜찮을까요?" 하고 여쭈어 본 다음에야 돈을 쓰는 아이가 많다.

내 경우 아이들에게 용돈을 주는 경우는 없다. 아이가 갖고 싶은 것을 요구하는 경우에만 돈을 주기로 하고 있다. 이 경우에도 아이는 물건을 사고 거스름 돈을 저축해 둔다. 나중에 가족의 생일 등으로 선물을 살 때 그 돈을 지출하는 것이다.

돈을 쓸 때는 마음이 함께 따라야 한다

나는 아이들에게 돈을 사용하는 행위에는 항상 마음이 같이 따라야 한다고 가르치고 있다. 가족에게 선물을 사는 것은 사랑의 표시이다.

친구와 아이스크림을 먹는 것도 우정의 표현일 것이다. 유대인 아이들이 저금통을 받아 자선용 저금통으로 저축하는 것과 용돈 목적으로 저축하는 것은 전적으로 똑같은 마음인 것이다.

돈이라면 인간적인 따스함과는 거리가 먼, 차가운 것이라고 생각하기 쉬우나 사실은 사용방법에 따라서 돈은 따스한 것으로도, 차가운 것으로도 사용 되는 것이다.

유대인들이 돈의 사용법에 마음을 쓰는 것은 흔히 말해지듯 '수전노'이기 때문이 아니다. 돈의 귀중함과 무서움을 사무치게 알고 있기 때문이다.

「돈을 벌기는 비교적 쉬운 일이다. 어떻게 쓰느냐가 더 어려운 것이다」라는 유대인의 속담이 있지만 아이들은 먼저 '저축'하는 행위에서부터 신중한 돈의 사용 방법을 배워야 한다.

항아리의 겉을 보지 말고
속을 보라고 가르쳐라

 ५3

어디까지나 인간의 내면을 중요시 한다

일반적으로 유대인은 겉모양을 꾸미는 것은 매우 서투르다. 서투르
다기보다 주저하고 망설이고, 싫어한다고 말하는 편이 옳을 것이다.

「항아리의 겉을 보지 말고 속을 보라」는 유대인의 속담은 유대인의
이와 같은 정신 구조를 뚜렷히 표현하고 있다. 유대인이 구애받는 것
은 어디까지나 내면이며, 외면을 지나치게 꾸미는 것은 내면을 위장
하는 것이라고 생각한다.

이와 같은 사고방식, 생활의식은 인간에 대해서 뿐 만 아니라 사물
에 대해서도 마찬가지이다.

예를 들면 쇼핑을 할 때 그 상품이 포장술로 소비자를 속이는 상품이어서는 안 된다고 아이들에게 가르친다.

인간은 겉모양을 꾸미는데 집착하게 되면 아무래도 내면을 갈고 닦는 일에 소홀하게 되기 쉽기 때문이다. 또 내면이 잘 닦여져 있지 않은 사람일수록, 외면을 타인과 다른 방법으로 꾸며 마치 알맹이가 있는 것처럼 보이고 싶어 하는 것은 동서를 막론하고 흔한 일이다.

외면을 중요시 하지 않는 것 만큼 내면의 충실에 노력한다

뉴욕의 유대계 부호의 한 사람인 필립 J 구스다드 부인은 「은(銀)은 무겁지 않으면 안 된다. 그러나 무거운 것처럼 보여서는 안 된다」를 교훈으로 삼고 있다.

예를 들면 의복은 최고의 천으로, 최고의 바느질로 해야 하지만 화려한 색이나 디자인으로서 모양만 찾는 것 이어서는 절대로 안 되며, 룸크코트는 아무리 부자라도 40세 이하의 여성은 입어서는 안 된다. 또 벽에는 좋은 그림을 걸어 놓아야 하지만 손님 눈에 보이는 장소에 놓는 것은 피한다. 소녀는 둥근 수병모자와 하얀 장갑을 낄 것 이런 등등의 것들이 그녀의 '무거운 것처럼 보이지 않는 방법'이었다. 즉 자기에게 필요 이상으로 반감을 사는 일이 없도록 좋은 물건을 적절하게 활용한다는 것이다. 또 런던 로스차일가의 초대 종주인 네이산 로스차일드도 당시 신사들 간에 유행한 소매끝 장식을 하는 겉치레나 허식을 극단으로 경멸하여 오직 실력이 전부라고 믿고 있었다고 전해져 오고 있다.

이처럼 유대인은 외면을 중요시 하지 않는 것만큼 내면의 진실에 힘을 기울이고 있다.

별로 좋은 예가 아닐지는 모르나 동양 사람들의 명함을 보면 직함이 즐비해 있다.

유대인은 그들 직함을 모두 떼버려도 타인에게 인정받을 만한 실력은 기르자는 것이다.

아이들에게는 어려서부터 단조롭고, 단정하게 행동하게 하고, 가식적인 행동을 하지 않도록 버릇 들이는 것도 그 때문이다.

집안에서도 '내 것' '네 것'
'우리의 것'의 구별을 가르쳐라

가정에서도 소유권의 구별이 공공심을 기른다

유대인의 육아에 있어서 '소유권'은 중요한 문제이다. '소유권'이라
고 하면 좀 과정된 것 같지만 가정에서도 물건이 누구의 것인가를 아
이들에게 분명하게 인식 시켜 자기 물건이 아닌 것에는 가족끼리라도
허락 없이 손을 대지 않도록 가르치는 것이다.

이 경우 물건의 소유에는 세 가지 종류가 있다. 나의 것, 너의 것, 우
리들의 것의 세 가지이다.

이 세 가지를 뚜렷하게 구별시킨다.

나는 내 책상위에 놓아둔 책이나 노트를 아이들이 만지작거리면 "이

것은 내 것이니까 너는 손대지 않았으면 좋겠다."라고 분명히 말한다.

형제간이라도 동생의 공을 누나가 사용하고 싶을 때는 "빌려주겠니?" 하고 동생에게 묻고 나서 빌리도록 버릇 들이고 있다.

또 유리창에 공을 던져 깨버린 경우에는 "이건 네 것이 아니고 우리의 것이니까 조심하랬지. 자 알았지. 앞으로는 이러지 마라." 하고 교훈을 끌어 내도록 노력한다.

왜 이같이 가정 안에서 소유권을 명확하게 하느냐고 의문을 가질 수도 있으나 가정 안에서 어릴 때부터 '소유권'의 교육을 착실하게 해 두면 장래 가정 밖에 나왔을 때, 타인의 물건이나 공공의 물건을 어떻게 다루어야 좋은가를 자연히 터득하게 된다고 생각하기 때문이다.

집안에 있는 가구를 가족 전체의 것으로 소중히 해야 한다는 것을 아는 것은 아이가 성장한 뒤 길거리에서 침을 뱉거나 동물원에서 동물에게 장난을 치거나 하는 행동을 유발하지 않을 것이다.

『아이니까 하는 수 없다』는 태도는 절대로 취하지 않는다

이러한 것들은 공중 도덕이라고 새삼스럽게 얘기할 것도 없이 가정 교육의 과정에서 아이들이 저절로 이해하게 되는 것이다.

단 2,3세 까지는 앞에 든 세 가지 범주를 아이들이 분간할 수 있게 하기는 불가능할 것이다.

　나의 딸도 그 나이 때는 관엽식물의 잎사귀를 곧 잘 따내 가지고
"사라다, 사라다" 하며 놀고 다녔다.

　그러나 이 나이의 아이들에게도 제멋대로 따내도록 내버려 두지
는 않았다.

　나는 이런 현장을 보게 되면 아무 말도 않고 그 화분을 들어다 아이
가 보는 앞에서 손이 미치지 않는 장소에 옮겨 놓곤 했다.

　이렇게 하여 '소유권을 이해하기 위한 전제를 만들어 가면 된다.'고
생각한다. 그러므로 '아이니까 어쩔 수 없다.' 는 태도 만큼은 우리 유
대인들은 절대로 취하지 않는다.

　정말로 아이의 '인격'이나 '인권'을 존중한다면 아이들을 특별 취급
하는 법은 결코 없다고 생각하기 때문이다.

노인을 공경하게 하는 것이
아이에게 주는 유산의 하나이다

노인은 전통의 전달자이다

「늙은이는 자기가 다시는 젊어지지 않는다는 것을 알고 있지만, 젊은이는 자기가 늙어간다는 것을 잊고 있다」라는 유대인의 속담이 있다.

인생을 알고 있는 노인과 인생을 모르는 아이들과의 사이에 세대 간의 간격이 생기는 것은 어쩔 수 없는 일이다.

그러나 그보다 중요한 문제가 있는 것 같다.

그것은 가족이 부모와 자식, 2세대 가족으로 되어 가고 있는 문명사회에서 노인이 무시되고, 이에 따라 문화의 전통을 잃어가는 경향을 나타내고 있기 때문이다.

유대인에게 있어서 문화적인 전통은 공기나 물과 마찬가지로 귀중한 것이다.

구약성서의 가르침이 지금도 충실히 지켜지고 있는 것을 보아도 이것을 알 수 있을 것이다.

유대 노인들은 전통의 매신저이므로 결코 무시 당하는 일은 없다.

노인은 오랜 경험과 지혜를 후세에게 전하고 가르치는 것을 언제나 유념하고 있다. 또 젊은이들은 노인의 말에 귀를 기울여 유대인 5천년 역사를 꿰뚫는 생활 방식을 취하려고 노력한다.

헤브라이어에는 경어는 없지만 노인에 대해서는 '공손한 태도'로 얘기하는 것이 존경의 표현이 된다. 그러므로 노인에게 예의 없는 언행을 하는 사람은 유대의 전통을 경시하는 자로서 도리어 경멸당할 뿐이다.

노인의 『육체』가 아닌 『정신』에 주목케 한다

노인을 공경하는 일은 구약성서에도

「너는 흰 머리 앞에 일어서고 노인의 얼굴을 공경하며 네 하나님을 경외하라. 나는 여호와니라」(레위기 제19장 42절) 하고 분명히 쓰여 있다.

동양 사회에서도 최근에는 핵가족화로 인해서 노인문제가 갑자기 대두 되고 있는 것 같다.

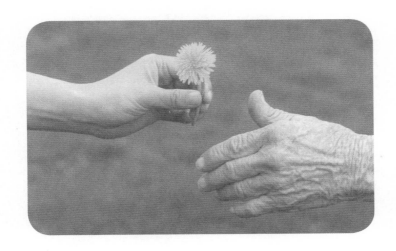

　자식들로부터 소외되어 설움 속에 사는 노인들의 얘기는 자주 들린다.

　이 같은 사회 문제는 별개로 하더라도, 내가 보기에는 노인을 문화의 메신저로 생각하는 사상이 희박한 것 같다.

　동양에서는 옛날에 나이가 많은 노인을 산에 버리는 관습이 있었다고 하는데, 노인을 문화의 메신저로서 생각하는 유대인에게는 생각할 수 없는 일이다. 노인이라는 '육체'가 아닌 경험과 지혜가 풍부한 '정신'에 주목하는 사고법이 확립되면, 노인을 대하는 태도 또한 달라질 수 있다고 하는 것이 나의 생각이다.

　노인은 연민의 대상도, 버림받아야 할 대상도 아니며, 아이들에게 살아가는 데 필요한 지혜와 조언을 주는 대상인 것이다.

　그렇기 때문에 노인은 존경을 받아야 하는 것이다.

남한테 받은 피해는 잊지 말되
용서하라고 가르쳐라

46

부모는 『베풀』뿐 자식은 『얻을』뿐이다

유대인 가정에서의 부모 자식 관계는 기브 앤 테이크가 아니다.

다시 말하면 부모가 이렇게 해주었으니까 자식은 답례로 부모에게 이렇게 해 주지 않으면 안 된다는 식의 관계가 아니라는 말이다.

부모는 '기브(준다)' 뿐이고 자식은 철저히 '테이크(받는다)'만 한다는 것이 유대인의 전통사고 방식이다.

나는 아이들에게 "너희들한테 아무것도 돌려받을 생각이 없다. 만약 내게 갚고 싶다는 생각이 있으면 자식에게 그와 똑같은 것을 해 주어라. 그것이 나에게는 가장 기쁜 일이다." 라고 입버릇처럼 말하는 것은 그 때문이다.

　나의 이 같은 사고방식도 사실은 나의 어머니로부터 가르침을 받은 것이다.

　내가 이스라엘의 IBM에 근무하고 있을 때의 일이다. 봉급에서 어머니의 선물을 사 갖고 간 일이 있었다. 무엇을 샀는지 잊어버렸지만 나에게는 꽤 값비싼 것이었다고 기억하고 있다.

　어머니는 그것을 받아들더니 "무엇 때문에 이런 것을 사왔느냐?"고 나에게 묻는 것이었다.

　나는 "어머니가 나에게 해준 일에 감사하며 뭔가 갚아 드리고 싶어서……."라고 말하려는데 어머니는 손을 크게 저으며 "아니다." 하고 외치시더니, "나는 너에게서 아무것도 돌려 받으려고 생각하지 않는다. 그런 생각이 있으면 장차 너의 자식들에게 잘해 주어라." 하고 단호하게 말씀 하셨다.

　이러한 이유로 나는 언제나 아이들에게 나의 어머니가 나에게 말한 것과 똑같은 말을 하고 있다.

　미국에 사는 나의 친구도 똑같은 경험을 내게 얘기해 준적이 있다.

　그가 젊었을 때 집을 사려고 했으나, 계약금 마련이 어려워 부모가 대준 일이 있었다고 한다.

　그로서는 당연히 이를 빚으로 생각하고, 3년 동안 저금을 하여 같은 액수의 통장을 가지고 부모에게 찾아가자 역시 나와 같은 이유로 돌려 받았다고 한다.

　이런 경우만이 아니라 유대인 부모들은 늙어서 병에 걸려도 자식에게 신세지는 것을 매우 싫어한다. '보은'이라는 사고방식은 유대인 사이에서는 전혀 없는 것이다.

　그러므로 유대인에게 병에 걸린 부모를 돌볼 때만큼 신경이 쓰이는 일도 없다.

　'보은'이 아니라 부모에 대한 자식의 사랑으로서 돌본다는 것을 이성적으로 이해시키지 않으면 안 되기 때문이다.

자식의 『70년 뒤』를 생각하라

　성전 『탈무드』에는 이러한 부모와 자식의 관계를 다른 면에서 보여

주는 다음과 같은 이야기가 있다.

노인은 뜰에 묘목을 심고 있었다. 마침 나그네가 지나가다가 이것을 보고 묻는다. "언제쯤 그 나무에서 나이테를 볼 수 있다고 생각하십니까?"

노인이 대답한다.

"70년 뒤 쯤 될까" 나그네는 고개를 갸웃거리면서 "그렇게 오래 사실 생각입니까?" 하고 또 한 번 질문한다.

노인이 말한다.

"아니요, 내가 태어났을 때 과수원에 가득한 열매가 열려 있었습니다. 아버지가 심어 주었기 때문입니다. 나도 같은 일을 하고 있을 뿐입니다."

부모에게서 자식, 자식에게서 손자에게로 주는 방향은 미래에도 끊임없이 한 방향밖에 없다는 사고 방식은 현재에도 면면히 지켜지고 있는 유대인 전통의 하나이다.

동양에는 효도라는 말이 있다.

유대인의 전통에서 보면 이것이 부모가 자식에게 기대고 자식이 부모를 보살펴야 한다는 관계에서 생겨난 말이라면 어쩐지 불합리한 것처럼 생각된다.

유대인에게도 부모에 대한 애정이 중요하지만, 그 이상 돌보아 주는 것을 피하고 새로운 세대에의 원조라는 것을 더 중요시한다.

부모한테 받은 것을
자식에게 베푼다

47

복수는 신만이 할 수 있다

복수와 증오 이 두 가지는 유대인이 자식에게 절대로 가르치지 않는 것이다.

유대인의 역사는 '박해의 역사'라고 해도 과언이 아니지만 그동안 이러한 박해에 대해 증오로서 대응한 유대인의 문헌은 하나도 없다. 또 심판은 신만이 할 수 있다는 것이 유대인의 사고방식이다.

이러한 이유로 아이들은 학교에서도 가정에서도 「사악한 자가 너에게 한 일을 잊어서는 안 된다. 그러나 용서하라.」고 배우며 자라난다.

유대인에게 박해는 긴 역사상의 사실이며 유대인에게 주어진 잔인

한 처사는 나치에서 시작된 것은 아니다.

이미 구약성서 속에 기원전 5세기의 박해에 대해 쓰여 있다.

「페르시아의 왕 아하스에로스가 중신 하만의 참언에 따라 12월, 곧 아달월 십삼일 하루 동안에 모든 유대인을 노소나 어린이나 부녀를 막론하고 죽이고 도륙하고 진멸하고 또 그 재산을 탈취하라」(에스더기 제3장 12절)

는 명령을 말하고 있다.

이 명령은 다행히 실행되지 않았지만 그리스도교가 유럽의 지배적인 종교가 된 이래 유대인 박해의 예는 열거하기가 어려울 정도로 많이 있다.

1215년의 라텐란 교회 회의에서는 유대인에게 황색 또는 홍색 천 조각을 '차별배지'로서 달도록 결의하고, 분별하기 쉽도록 눈에 잘 띄는 빛깔의 모자까지 쓰도록 했던 것이다.

『안네의 일기』는 유대인의 개인적 역사이기도 하다

나치에 의한 박해는 그 '전통'을 계승한데 불과하다. 나치 치하의 핍박에 살던 유대인 소녀 안네 프랑크는 『안네의 일기』에 이렇게 쓰고 있다.

「유대인은 황색별을 달지 않으면 안 됩니다. 유대인은 자전거를 공출하지 않으면 안 됩니다. 유대인은 지하철에도 자동차에도 탈 수 없습니다. 유대인은 오후 3시부터 4시까지 사이밖에 쇼핑할 수가 없습니다. 그곳도 유대인 상점이라고 쓰여 있는 곳 뿐입니다. 유대인은 밤 8시 이후는 집안에 있지 않으면 안 됩니다…….」

안네는 얼마 뒤 강제 수용소 안에서 죽게 된다.

이것은 유대인의 개인적 역사에서도 비극적인 것이다. 나 자신도 앞에 말했지만 아버지 쪽 친척을 거의 잃었다.

전 미국 국무장관 헨리 키신저는 소년 시절을 독일에서 보냈는데 아버지는 나치에 의해 교직에서 쫓겨나고 그 자신은 짐나지움(대학 진학을 위한 예비학교)을 퇴학당해 유대인 학교에 들어갔으며, 그가 14세가 될 때까지 14명의 친족이 나치에 의해 살해 되었다.

키신저 일가는 얼마 후 뉴욕으로 이주하지 않으면 안 되게 되었던 것이다.

유대인은 이들 사실을 "결코 잊지 말라."고 아이들에게 되풀이 가르친다.

또한 "이 같은 일이 또다시 되풀이 되지 않을 것을 기대하자. 역사는 좋은 방향으로 나아가는 것이니까."라고 말하는 것도 잊지 않는다.

4장

자녀에게 들려주는
재미있는
랍비 이야기

새로 온
랍비

48

"우리에게 온 신임 랍비만큼 굉장한 분은 없을 거야. 그 분은 하나
님이자, 모세이자, 쉴러라니까."

"그게 무슨 소리야?"

"뻔한 것 아냐. 하나님은 인간이 아니잖아. 그런데 우리 랍비도 인간
이 아니야. 모세는 언어장애가 있었다잖아. 그런데 우리 랍비도 그것
이 있어. 쉴러는 헤브라이어를 하지 못했었지. 그런데 우리 랍비도 헤
브라이어를 할 줄 모르자나."

주 랍비 – '나의 선생님', '나의 주인님'이라는 뜻으로, 유대교의 현인을 가리키는 말이다.

우리들의
랍비

49

"우리들의 랍비는 독일에서 공부를 하고 왔다더군, 깊은 학문이 있는 분이야. 어제 처음으로 설교를 했는데 아주 훌륭했었지."

"뭐라고 했는데?"

"내가 알 수 있나. 아마 그 분이 하는 말을 알아들은 놈은 이 읍에 한 사람도 없을 거야."

큰 가뭄의
잔치

큰 가뭄이 왔다. 수확은 거의 없었고 사람들은 어떻게 목숨을 이어 가야 할지를 몰랐다. 정통파인 랍비는 교구 사람들에게 단식을 하라고 명했다. 이와는 반대로 하시데임즈파(경건파)의 랍비는 성대한 잔치를 열라고 명했다.

"잔치를 열지 않으면 안 된다."

그는 계속해서 설명했다.

"잔치를 하면 하늘에서는 우리가 먹을 것이 정말로 필요로 함을 알게 될 것이오. 만약 단식을 하면 우리는 먹지 않더라도 살아나갈 수 있을 것으로 생각할 것임에 틀림없소."

마음 좋은
랍비

드라즈네 마을의 랍비는 마음이 좋았다. 어느 날 이웃 읍에 볼일이 있어서 마차를 불렀다.

떠나기에 앞서 마부는 랍비에게 말했다.

"부탁드릴 말씀이 있습니다."

산에 오르게 될 때는 마차에서 내려 주십시오. 내리지 않으면 말이 힘이 들어 지치게 됩니다. 그리고 산을 내려 갈 때도 내려 주십시오. 내리막길은 위험합니다. 또 평탄한 길에서는 걸어가시는 것이 건강에 좋으실 겁니다.

랍비는 마부가 말하는 대로 했다. 이웃 읍에 도착하자 랍비가 말했다.

"나는 볼 일이 있어서 이곳에 왔네. 그것은 당연한 일이야. 자네는

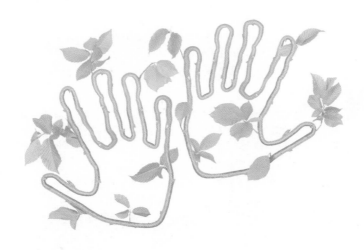

돈을 벌기 위해서 이곳에 왔지. 그것도 당연한 일이었어. 그런데 왜 말까지 끌고 왔는지 모르겠군. 그 점이 나로서는 도무지 풀리지 않는 수수께끼군."

거꾸로 된
세상

52

랍비인 사무엘 쇼울이 말했다.

"요즈음은 세상이 거꾸로 되었단 말이야. 옛날에는 학문이 높은 사람이 랍비가 되고, 돈이 있는 사람은 토지를 사들였지. 그런데 요즘은 돈이 있는 사람은 랍비의 지위를 사고 학문이 있는 사람은 소매상인이 된단 말이야."

이웃 사랑

랍비인 모슈 레이프가 어느 날 말했다.

이웃 사랑의 의미를 내가 누구에게서 배웠는지 아는가? 두 명의 러시아 농군에게서 배웠다네.

나는 두 농부가 이야기하는 것을 들었지.

한 농부가 묻더군.

"자네는 내가 좋은가?"

그러자 또 한 농부가 대답했어.

"물론이지"

먼저 말했던 농부가 다시 말했다네.

"내가 지금 무엇 때문에 곤란을 당하고 있는지 아는가?"

그러니까 다른 농부가 대답했어.

"자네가 곤란에 처해 있는 것 따위를 내가 어떻게 알겠나."라고. 그러자 다른 농부가 이렇게 말하더군.

"내가 무엇 때문에 곤란을 겪고 있는지도 모르면서 자네는 나를 좋아한다고 말할 수 있느냐."고.

이 말을 듣고 나는 깨달은 바가 있었네. 이웃을 사랑한다는 것은 이웃 사람이 무슨 일로 곤란을 당하고 있는가를 아는 것이라는 것을.

선인과 악인의
차이

54

랍비가 말했다.

"사람으로 태어나서 죄를 범하지 않는 사람은 아무도 없습니다. 그러나 선인과 악인 사이에는 큰 차이가 있습니다. 선인은 자기가 살아 있는 동안 죄를 범할 수 있다는 것을 알고 있습니다. 그러나 악인은 자기가 죄를 범하고 살아 왔다는 것을 모르고 있습니다."

기적

미친 사람이 괭이를 손에 들고 유명한 랍비인 아바 알레카의 방에 잠입했다.

"다른 사람 모두가 말하고 있는 거요. 당신은 기적을 행할 수 있다고. 그것을 증명해 보시오. 자, 이 창문에서 길로 뛰어 내리지 않으면 머리통을 쪼개 놓겠소."

"그까짓 것이 무슨 기적이 되겠나?"

랍비는 태연하게 말했다.

"위에서 아래로 뛰어내리는 것은 아무나 할 수 있는 일이야. 자네는 기적을 보여 달라고 했었지.

좋아 기다리게. 나는 아래에서 위로, 길에서 자네가 있는 곳으로 뛰

어 올라와 볼 테니까."

　랍비가 많은 사람들을 이끌고 되돌아 왔을 때, 미친 사람은 아직 기
적을 기다리고 있었다.

나쁜 혀

랍비 슈무엘은 중세의 위대한 헤브라이 시인의 한 사람인데 아라비아 그라나다왕의 고문이기도 했다.

어느 날 왕을 따라 거리를 걷고 있었는데, 한 사나이가 와서 슈무엘 랍비에게 욕을 퍼부었다. 왕은 노하여 고문인 슈무엘 랍비에게 명했다.

"저 사나이를 붙잡아다가 혀를 뽑으라고 호위병에게 명령 하시오."

그러자 슈무엘 랍비는 왜 욕을 했는지 알아보라고 명령했다. 슈무엘 랍비는 그 사나이가 살 집도 없고 의식주 생활도 안 되는 가난한 시인이라는 것을 알게 되었다. 슈무엘 랍비는 그를 위해 집을 마련해 주고 생활에 필요한 돈을 주었다.

얼마 안 되어 두 사람은 친한 친구가 되었다.

왕이 또 어느 날 슈무엘 랍비를 대동하고 거리를 걸어가자니 그 가난한 시인이 달려왔다. 그러나 이번에는 왕과 슈무엘 랍비에게 감사하고 칭송하며 축복의 말을 했다. 이상하게 생각한 왕은 슈무엘 랍비에게 물었다.

"나는 그대에게 저 사나이의 혀를 뽑으라고 명령한 바 있는데, 어찌하여 그 명령에 따르지 않은 거요?"

슈무엘 랍비는 대답했다.

"저는 명령대로 했습니다. 저는 그 사나이의 나쁜 혀를 뽑아내고, 그 대신 좋은 혀를 주었던 것입니다."

오버코트

엡페츠라는 작은 읍의 얀켈 크넵펠마하라 라는 명망가가 죽었다. 아직 흙을 덮기 전에 묘지 주위에 친척, 연고자, 친구들이 늘어섰고, 한가운데에서 랍비가 다음과 같이 이야기 했다.

"여러분, 우리는 지금 친한 벗이자, 믿을 수 있는 시민이었던 얀켈 크넵펠마하라에게 최후의 이별을 고하려고 합니다.

그는 선량한 인간이었으며 유능한 사업가였을 뿐만 아니라, 믿을 수 있는 남편이자 아버지였습니다. 그리고 가슴이 미어질 듯한 추억을 더듬으며 말씀드리겠는데, 나의 가장 친한 친구이기도 했습니다. 우리는 말 그대로 죽마고우였습니다.

함께 학교에 다녔었는데 그는 언제나 숙제를 안 하고 내 것을 베끼곤 했었지요.

학교를 졸업하자 그는 나에게 와서 의논 했습니다. 랍비가 되는 것이 좋을지 아니면 사업가가 되는 것이 좋을지를 말입니다. 나는 랍비는 내가 될 터이니 너는 사업가가 되라고 권했습니다. 그리고 아시는 바와 같이 당대 엄청난 재산을 모았습니다. 결혼할 때, 그는 또 내게 와서, 결혼을 해야겠는데 레베카와 할 것인지, 사리와할 것인지를 물었습니다. 나는 사리 쪽이 돈이 많으니 좋을 것이라고 대답했습니다.

그리고 여러분들도 모두 아시는 바와 같이 남들의 선망의 대상이 되는 행복한 가정을 이루고 아들 4형제, 딸 3형제를 두었습니다. 바로 5일 전 이었습니다. 그는 또 나에게 와서 날씨가 좋으므로 등산을 해야겠다고 말한 다음, 오버코트를 입고 가는 것이 좋겠느냐고 물었습니다. 나는 틀림없이 추워질 것이니 오버코트를 꼭 입고 가라고 권했습니다. 그런데 그는 그 오버코트를 입고 가지 않았던 것입니다."

저의 말은 이렇게 정확한 것입니다.

랍비는 자기의 자랑만을 늘어 놓는 것이었다.

랍비의 질병

58

랍비의 질병이 심해졌다. 진찰을 하러 온 의사는 랍비의 상태를 지극히 위험한 것으로 보았다. 의사의 표정에서 심상치 않음을 느낀 랍비는 말했다.

"솔직히 말해 주십시오, 의사 선생님, 병세는 어느 정도입니까?"

의사는 어름어름 넘기다가 끝으로 이렇게 말했다.

"모든 것은 하나님의 수중에 있습니다.

우리는 하나님에게 의지 하십시다."

"의사 선생님"

랍비가 말했다.

"하나님에게 의지하는 일이라면 의사 선생님보다 내가 더 잘할 수 있는 일입니다. 그 때문에 의사 선생님의 힘을 빌리는 것이 아닙니다. 나는 의사 선생님에게 무엇을 기대할 수 있는지, 그것을 알고 싶을 뿐입니다."

산책과 밀크

가난한 폴란드의 랍비가 건강이 좋지 않았다. 의사는 랍비에게 매일 산책을 하고 금방 짠 우유를 마시라고 권했다. 교구의 사람들은 랍비를 위해 돈을 모으기로 했다. 그러나 모은 돈은 빵 값도 안 되었다.

교구 대표가 모은 돈을 가지고 랍비를 찾아갔다.

"겨우 이것 밖에 걷히지 않았습니다. 산책을 하시는 데는 이것으로 충분할 것으로 생각합니다만, 우유는 좀 더 기다려 주시기 바랍니다."

이상한 무리

어떤 작은 읍의 랍비는 위대한 학자였다. 그리고 그는 성실한 인물로서 참으로 어진 사람이었다. 그가 부임한지 얼마 안 되어 마을 사람들은 그를 존경하고, 그와 같은 랍비가 자기네 마을에 있다는 것을 자랑스럽게 생각했다.

그러나 점차 마을 사람들은 그런 그에 무관심하게 되었고, 랍비란 그렇게 하는 것이라며 별로 신경 쓰지 않게 되었다. 마을 사람들이 처음에 약속했던 월성 헌금도 흐지부지 되고 말았다.

당연한 일로 랍비는 먹을 것조차 궁핍하게 되었는데, 이것이 원인이 되어 마침내 병에 걸리고 말았다.

랍비의 병이 중태라는 말을 들은 마을 사람들은 당황했다. 남자들은 교회당에 모여서 서로 책임을 전가하고, 여자들은 집안에서 눈물을 흘렸다. 모든 사람이 랍비가 쾌유되기를 기도 드리기에 여념이 없었다.

이것을 본 죽음의 천사는 깜짝 놀라서 하늘에 올라가 하느님에게 보고했다.

"주여! 보십시오. 유대인이란 참 이상한 무리입니다.

그들은 살리지도 않고 죽이지도 않습니다."

고양이

61

여자가 랍비에게 와서 이웃집 고양이가 고기 3파운드를 먹어 버렸다고 호소했다.

랍비는 그 고양이를 붙잡아 오라고 명했다.

랍비는 고양이를 저울 위에 올려 놓고 신중하게 눈금을 재보았다. 꼭 3파운드였다.

랍비는 말했다.

"응, 좋아. 꼭 고기 무게로 구면. 그러면 고양이는 도대체 어디로 간 거야?"

주 랍비 - '나의 선생님', '나의 주인님'이라는 뜻으로, 유대교의 현인을 가리키는 말이다.

바보

62

호이시크는 뭐가 뭔지 알 수 없게 되었다.

누구나 모두 자기를 가리키며 바라보며 웃고 있었다. 호이시크는 자기가 진짜 바보일지도 모른다는 생각이 들었다.

그래서 랍비를 찾아 가서 물었다.

"랍비님, 저는 제가 바보라는 것을 잘 알고 있습니다.

저는 어떻게 해야 좋겠습니까?"

"자신이 바보라는 것을 알고 있으면 자네는 바보가 아니야……."

호이시크는 깜짝 놀라서 랍비의 얼굴을 쳐다봤다.

그리고 또 물었다.

"이상하지 않습니까. 제가 만약 바보가 아니라면 왜 모두들 저를 바보라고 할까요?"

랍비는 1분 쯤 생각하다가 대답했다.

"자네가 바보인지 아닌지 자신은 알 수 없어서, 남이 말하는 것을 들으려고 한다면 자네는 역시 바보야."

랍비는 자기 생각이 중요하다는 것을 말하는 것이었다.

부자가
생각하는 것

63

마음씨 착한 랍비가 곤경에 빠진 두 사람을 위해 모금을 했다. 한 사람은 장님이었고 또 한 사람은 학문이 높으나 가난하게 사는 사람이었다.

어느 부자가 맹인을 위해서는 많은 돈을 내놓았으나, 가난한 학자를 위해서는 조금 밖에 돈을 내놓지 않았다.

이것을 알게 된 랍비가 말했다.

"그럴 수밖에 없었겠지. 그 부자는 이렇게 생각한 거야. 자기도 맹인이 될지 모를 일이지만, 가난한 학자는 될 수 없다고 말이야."

테히림 (성경의 시편)

64

어떤 여자가 랍비에게 달려왔다.

아기가 설사를 하는데 아무리 해도 멎지 않는다고 했다.

"테히림(성경의 시편)을 외우시오."

라고 랍비가 권했다.

그 충고를 따르자 아기는 바로 설사를 멎고 기운도 차렸다.

2,3일 후에 그 여자가 또 달려 왔다.

아기가 병이 났는데 이번에는 변비가 심하다는 것이다.

"테히림을 외우시오."

라고 랍비가 권했다.

그 여자는 깜짝 놀라며 눈이 동그래졌다.

"테히림은 막히게 하는 쪽이 아닙니까?"

밀가루와
아마포

65

가난한 유대인이 랍비에게 와서 의논했다.

생활이 도저히 견디어 낼 수 없을 정도로 힘들다고 호소했다.

랍비는 한참 생각한 후에 입을 열었다.

"밀가루와 아마포 장사를 해보게. 그 이유는 간단하네. 살아 있는 사람은 빵을 먹지 않나. 그러니 밀가루를 살 것은 당연한 일이네. 죽어 가는 사람에게는 수의(시체에 입히는 옷)가 필요하므로 아마포도 팔릴 거야."

가난한 유대인은 랍비가 권하는 대로 했다.

그러나 생활은 더 어려워질 뿐이었다. 그는 또 랍비를 찾아 가서 궁핍한 생활을 호소했다.

랍비는 또 한참을 생각하더니 대답했다.

"여보게. 이것은 세상 사람들이 살기도 죽기
도 힘들다는 증거일세. 이 세상 사람들은 모두
고생을 하고 있다는 거야. 고생하는 것은 자네
뿐이 아닐세."

랍비의 지혜

랍비에게, 양계로 생계를 이어 가는 여자가 찾아왔다.

"저희 집 닭이 차례로 병들어 2, 3일 동안 스무 마리나 죽었답니다. 어떻게 하면 좋겠습니까? 지혜를 가르쳐 주십시오."

랍비는 잠시 생각하다가 말했다.

"집에 돌아가서 닭장을 연기로 소독하고 새 깔짚을 넣어 주시오."

그로부터 이틀이 지나자 여자가 또 찾아왔다.

"랍비님, 또 열 마리나 죽었답니다. 다시 한 번 지혜를 가르쳐 주십시오."

랍비는 또 잠시 생각하다가 대답했다.

"옥수수를 사다가 수수와 섞어서 먹이시오."

그 다음날 아침 여자가 또 찾아 왔다.

"어제 밤에 또 서른 마리나 죽고 말았습니다. 어떻게 하면 좋을까요?
한 번 만 더 지혜를 짜내 주십시오."

랍비는 여자의 얼굴을 물끄러미 쳐다 보더니 말했다.

"지혜는 얼마든지 있지만, 그런데 당신네 집닭은 아직도 남아 있소?"

거울

67

　가난한 유대인이 근심있는 표정으로 랍비를 찾아 왔다.

　"랍비님, 부탁이 있습니다. 저의 친한 친구 중에 헤르세데가 있습니다. 벌써 40년 동안이나 사귀는 사이랍니다. 함께 학교에 다녔고, 같은 여자를 좋아했으며, 함께 먹고, 같이 마시며, 함께 들과 산을 다니는 등 무엇이든 함께 행동을 해 왔었습니다. 그런데 그 친구가 막대한 유산을 물려 받은 다음부터는 사람이 아주 변해 버렸습니다. 이제 길에서 만나도 인사는 커녕 저 따위는 전혀 모른 체 하고 지나쳐 버리곤 합니다. 이런 일도 있을 수 있는 것입니까?"

　랍비는 잠시 동안 수염을 쓰다듬은 다음에 말했다.

　"이리로 와서 창밖을 내다보시오. 무엇이 보이시나요?"

"나무가 보입니다. 나무가 또 하나 보입니다.

어린이가 놀고 있습니다. 사나이가 무슨 일을 하고 있습니다. 저쪽에서 마차가 한 대 달려 오고 있습니다."

"그래요. 그럼 이번에는 이 거울 앞에 와서 들여다 보시오. 무엇이 보이시나요?"

"저 밖에 안 보이는데요."

그러자 랍비가 말했다.

"바로 그런 것과 마찬가지 라오. 인간이란 돈이 없을 때에는 창문 유리와 같아서 무엇이나 보이지요. 그런데 돈이 좀 생기면 유리 뒤에 수은을 칠한 것 같이 되는 까닭에 자기 밖에 보이지 않게 되는 것이라오."

묘를 파는
사람

68

랍비 이샤샤에게 묘를 파는 사람인 크베샤가 찾아 와서 궁핍한 생활을 호소했다.

수입이 적기 때문에 아무래도 가족을 부양할 수 없다는 것이다.

"거참 알 수 없는 일이군." 랍비는 말을 이었다.

"자네는 그토록 궁핍 할 리가 없을 텐데. 일정한 월급이 있을 것이고 또 장례가 있을 때마다 다소 얼마라도 자네 손에 쥐어 질 것이 아닌가."

"한 달에 20그루덴입니다."

크베샤는 한숨을 쉬며 말했다.

"그것도 틀림없이 월급은 월급이겠지요. 그리고 장례식 말씀인데, 비록 교구 안의 사람들이 모두 죽어 보았자 밥 먹기에는 부족합니다."

곤란한
아들

69

나이가 지긋한 사나이가 랍비에게 의논을 하러 왔다.

"자식 놈의 일로 랍비님의 지혜를 빌려야 할 일이 있어 찾아 왔습니다."

그는 몹시도 걱정스런 표정이었다.

"자제가 무슨 일을 하는데요?"

"예, 저의 집 자식놈은 아침 일찍 일어나서 책상을 마주하고 탈무드를 공부한답니다. 그러고 난 다음, 규칙에 따라 기도를 하지요. 옆에서 지켜보노라면 마치 유대인 전부를 위해 기도를 하는 듯 열심히 기도합니다. 기도가 끝나면 또 책상 앞에 앉아서……."

랍비는 그의 말을 가로 막으며 말했다.

"아니 그것으로 당신은 불평을 하는 것입니까? 그 일과는 내가 하는 일과 꼭 마찬가지이지 않습니까?"

"글쎄 그게 문제입니다. 랍비님이니 상관 없겠지만 저의 자식 놈
은 아무 소용도 없는 일을, 그것도 열심히 하고 있으니 걱정이지요."

탈무드와
담배

70

학생들 사이에서 탈무드를 공부하는 도중, 담배를 피워도 괜찮은지, 피우면 안 되는지가 논제로 등장했다.

한 학생이 랍비에게 물어보았다.

"랍비님, 탈무드를 공부할 때 담배를 피워도 괜찮은가요?"

"안 돼!"

라고 랍비는 격렬한 어조로 말했다.

"너는 묻는 방법이 잘못되어 있어. 이번에는 내가 가서 물어보지."

다른 학생이 랍비에게 달려갔다.

"랍비님, 담배를 피우는 동안에도 탈무드를 읽어야겠지요?"

"물론 읽어야 하고 말고."

랍비는 믿음직스럽다는 듯이 대답했다.

자신

71

어떤 랍비 후보가 다음 안식일에 설교를 해보라는 명예스런 과제를 받았다. 여러 면으로 조사하여 초고는 만들었는데, 그의 마음은 든든하지 않았다.

금요일 오후, 그는 교구의 회장에게 가서 안식일이 끝나는 토요일 밤에 돌려주겠다며 2천 마르크를 빌려 달라고 했다.

교구 회장은 그 금액이 많음에 놀랐으나, 평판이 좋은 젊은이였기에 돈을 빌려 주기로 했다.

토요일 아침이 되어, 교구 사람들 앞에서 그 랍비 후보는 훌륭한 설교를 했다.

사상의 깊이나, 내용, 설교의 전개 방법 등이 흠잡을 데가 없었다.

안식일이 지나자 그날 밤, 즉시 랍비 후보는 교구 회장을 찾아가서 고맙다는 인사를 하고 2천 마르크를 갚았다. 교구 회장은 이상히 여겨 이렇게 물었다.

"안식일에는 돈을 쓸 수도 없을 텐데 그대는 왜 2천 마르크가 필요했었나?"

"대수롭지 않은 일입니다. 주머니에 넣어 두기 위해서였습니다. 주머니에 돈이 있으면 마음이 든든해서 설교가 잘 되기 때문에 그랬습니다."

위안

유대인 교회당에서 랍비가 속죄의 '시편'을 암송하고 있었다.

"너희는 흙에서 왔고 흙으로 돌아가느니라."란 구절을 읽자 한 유대인이 몹시 울기 시작했다. 이것을 보고 있던 어떤 사람이 위로의 말을 전했다.

"모이세, 왜 우는 거야. 네가 금에서 태어났다가 흙으로 돌아간다면 모든 것이 없어지는 것이지. 그렇다면 억울할 거야. 그러나 원래부터 흙에서 왔다가 흙으로 돌아간다면 손해도 이득도 없는 것이 자나."

이 세상은

보리스라프 지역의 랍비 양케데에게, 같은 지역에서 조그만 가게를 하고 있는 어떤 사람이 질문을 했다.

"랍비님, 도대체 이 세상이 살아 있는 것인지, 죽어 버린 것인지 모르겠습니다."

"그게 무슨 소리지?"

"저의 아내는 식료품 가게를 하구요, 저는 포목점을 해요. 만일에 이 세상이 살아 있는 거라면, 먹어야 할 것이고, 죽은 것이라면 시체를 염하기 위하여 베라도 끊어가야 할 것이 아닙니까. 그런데, 저희 부부의 두 가게가 모두 한 푼어치도 팔리지 않는다는 것입니다."

랍비 양케데는 생각에 잠겼다. 그리고 깊은 한숨과 함께 대답했다.

"이 세상은 살아 있지도, 죽어 있지도 않네. 이 세상은 고민을 계속하고 있는 걸세."

위대한
랍비

유대교 신자인 초르코프가 말했다.

"우리 랍비가 얼마나 위대한지 상상이나 할 수 있겠나? 랍비가 로마에 갔을 때 그곳 교황을 방문한 거야. 그러자 교황은 훌륭한 사람이 오면 늘 그렇지만 랍비와 함께 바티칸을 나와서 마차로 호텔까지 전송 했었네. 길 위에 있던 사람들이 모두 걸음을 멈추고 서로 물어 보았어. 저 사제는 누군가요? 초르코프 옆에 앉아 있는 저 분은 누구지?"

앞치마

75

비슈니츠 지역의 랍비 부인이 첫 아들을 낳았을 때, 신자들은 그녀에게 축하 선물을 보내기로 했다.

무엇을 보내야 할 것인지 장시간 의논하던 끝에 비단 앞치마가 제일 적당하다고 결론을 얻게 되었다.

그리고 그 앞치마에 진주로 다음과 같은 말을 수 놓았다.

"경건한 자, 이 안으로 들어가라."

이 말은 유대인 교회당 입구라면 어디에든지 쓰여 있는 문구이다.

저 세상의
비판

76

오티니에르 지역의 랍비가 어느 날 마차로 코로메아로부터 쿠티까지 가게 되었다. 쿠티 읍에 가까이 오자, 길은 심한 비탈길이었다. 마부가 돌아보니 랍비가 마차에서 내리려고 했다.

마부가 물었다.

"왜 걸어가시려고요?"

"이 마차에는 브레이크가 없지요?"

마부가 말을 잇는다.

"무엇을 걱정하십니까? 랍비님은 신성한 분으로 이렇게 말씀하지 않았습니까. 이 세상을 창조하신 분을 상대로 이야기를 나누신다고요."

"여보게. 내가 하는 이야기를 좀 들어보게."

랍비가 말했다.

"만약 말이 마차를 뒤집어 엎고, 내가 내동댕이쳐져서 죽게 된다면 어떻게 되겠는가.

나는 저 세상에 가서 말을 재판소에 끌어 내어 소송을 할 것이고, 그 재판은 내가 이기게 될 것이 아닌가. 이제 자네도 짐작이 가겠지?

내가 마차에서 내린 것은 나는 말을 상대로 소송하기가 싫다는 말 일세."

벙어리 딸

77

브루슈텐 지역에 벙어리 딸을 데리고 랍비를 찾아온 유대인이 그 딸의 입을 열게 해 달라고 부탁했다.

"이 아이의 이름은 무엇이라고 하오?"

랍비가 물었다.

"브로헤 레아입니다."

랍비는 물이 들어있는 컵을 들어, 벙어리의 입술에 대고 큰 소리로 외쳤다.

"브로헤 레아, 너에게 명하노니 너는 빨리 이 자리에서 축복의 말 슈하코울을 외치지 않으면 안 된다."

그래도 그 딸은 가만히 있었다.

그러자 랍비는 화를 냈다.

"네가 고집을 부리고 내 명령에 따르지 않는다면, 너는 이제 죽을 때까지 입을 열지 못하게 될 것이다."

그리고 실제로 그와 같이 되었다. 고집이 센 딸은 벙어리인 채로 죽었던 것이다.

천리안

78

가난한 유대인이 말을 잃어 버렸다.

그는 랍비에게 가서 상의하기로 했다. 랍비는 집에 없었다.

그는 랍비가 돌아오면 랍비와 제일 먼저 이야기하기 위해 랍비의 침대 밑에 숨어 있었다. 랍비가 돌아왔다. 그리고 생각한 대로 랍비는 제일 먼저 침대에 와서 아내에게 말했다.

"사레레, 나는 랍비야. 나에게는 전 세계가 보이는군⋯⋯."

그 순간 가난한 유대인이 침대 밑에서 기어 나오며 말했다.

"랍비님, 당신은 전 세계가 보이신다고요? 제가 사랑하던 말도 보이실 게 아닙니까?"

피서

79

랍비가 피서를 떠났다. 그런데 다음 날 아침 일찍 돌아왔다. 아내
가 물었다.

"어떻게 된 거예요. 벌써 돌아오시다니?"

"그렇게 되었어. 내가 이 교구를 오랫동안 비워두면 안 돼. 우리 신
도들이 랍비가 없어도 살아갈 수 있다는 것을 알게 하면 안 되거든."

뉴욕의 안식일

폴란드의 랍비가 뉴욕에 갔다. 폴란드 랍비는 안식일 아침 뉴욕의 랍비는 어떻게 지내고 있는지 알아보고 싶었다. 그는 뉴욕의 랍비인 아드레스에게 가 보았다. 문을 노크 했다. 그러자 랍비의 부인이 나왔다. 젊고 우아한 부인이었다.

"주인 양반 계십니까?"

"주인은 안뜰에 있습니다."

랍비는 안뜰로 돌아가 보았다. 키가 큰 사나이가 예복을 입고 실크 모자를 쓴 채 자동차를 수리하고 있었다.

"이럴 수가 있습니까? 오늘은 안식일 아닙니까?"

안식일에는 모든 육체 노동이 금해져 있었다. 자동차 운전도 하면 안 되는 것이었다.

　뉴욕의 랍비는 설명했다.

　"하는 수 없습니다. 이렇게 하지 않으면 나의 교구는 엉망진창이 됩니다. 교회당이 여기에서 굉장히 먼 곳에 떨어져 있거든요."

　뉴욕의 랍비는 교회당 핑계를 대는 것이었다.

축복

81

어떤 유대인이 실은 도둑놈인데, 랍비에게로 찾아왔다.

"랍비님, 저에게 축복을 주십시오. 장사가 잘 안 되서 자식들에게 먹일 것이 없습니다."

랍비는 도둑놈에게 축복을 주었다. 그리고 현관까지 배웅을 하면서 말했다.

"이 복도에서만은 축복이 통하지 않네. 이 복도에는 나의 소중한 옷들이 걸려 있으니까 말일세."

랍비는 옷을 훔쳐가지 말 것을 말하는 것이었다.

고기와
밀크

82

유대인은 고기요리를 먹은 다음에는, 6시간 이내에는 밀크가 들어 있는 음식을 먹지 못하게 되어 있다.

세 사람의 유대인이 각기 자기 랍비의 자랑을 하고 있었다.

A: "우리 랍비는 신앙이 두터워서 아궁이를 두 개 가지고 있는 거야. 하나는 고기요리를 하기 위한 것이고, 다른 하나는 밀크 요리를 하기 위한 것이지."

B: "우리 랍비는 신앙심이 두터워 고기요리를 만드는 하녀와 밀크 요리를 만드는 하녀를 따로 두고 있지."

C: "아마 우리 랍비가 제일 신앙심이 좋을 거야. 그 분은 고기란 말을 한 다음에는 여섯 시간이 지나지 않으면 밀크란 말을 입에 올리지 않는 다니까."

유월제

보기만 해도 가난하다는 것을 한 눈에 알 수 있는 유대인이 랍비에게 와서 유월절에 축복 재물로 포도주 대신 밀크를 바쳐도 괜찮겠냐고 물었다.

"안 되네."

랍비는 그에게 충고를 한 다음 3그루덴을 주었다.

함께 있던 사람이 이상하게 생각하여 랍비에게 물었다.

"그 사나이는 돈을 얻으려고 온 것이 아니잖습니까?"

"자네들은 모르는군."

랍비가 설명했다.

"그 사나이가 밀크로 포도주를 대신 하겠다는 것은, 포도주가 없을

뿐 아니라, 축복 제물로 바칠 고기가 없다는 증거야. 그만큼 그 사나이
가 가난하다면 도와주지 않으면 안 되는 거야."

더운날

84

카츠는 사형선고를 받고 사형장으로 끌려갔다. 랍비가 따라 갔다. 사형장에 도착하자 랍비는 위로의 말을 하기 시작했다. 카츠는 랍비의 말을 가로 막았다.

"그만 두십시오, 랍비님. 1시간만 지나면 나는 당신의 주님과 이야기를 나눌 수 있을 것이오."

랍비는 한숨을 쉬면서 입을 다물었다. 햇볕이 쩡쩡 내리 쬐었다.

"너무 덥군. 더운 것은 질색이란 말이야."

카츠가 무심코 얘기하자 이번에는 랍비가 말했다.

"자네는 괜찮네. 나는 이 더위 속에서 다시 한 번 집까지 되돌아가지 않으면 안 된다네."

랍비는 자기만을 생각하고 있었던 것이다.

안경

85

나이가 많은 랍비인 이샤크가 탈무드를 열심히 읽고 있는데, 손님이 찾아와서 읽기를 중단하고 말았다. 손님이 간 다음에 다시 책을 보려고 안경을 찾았으나 책갈피로 끼어 있지 않았다.

그는 늘 안경을 책갈피로 사용했던 것이다. 그래서 그는 생각했다.

매일 책을 읽을 때는 안경을 썼었다. 책을 읽다가 말면 안경을 책갈피에 끼워 놓았었다. 매일같이 했었으니 오늘도 그렇게 했었을 것이다. 그렇다면 안경은 책 사이에 있지 않으면 안 된다.

그러나 안경이 책 사이에 없다는 것은 어찌 된 일인가. 책 사이에 없다는 것은 잃어버렸다는 것이 된다. 안경을 잃어버렸다는 것은 무슨 뜻이냐. 안경이 제 다리로 걸어갔을 리는 없어.

그렇다면 누군가가 집어간 거지. 그렇다면 누가 집어 갔을까.

그거야 안경을 필요로 하는 사람이겠지. 그러나 안경을 필요로 하는 사람은 자기 안경을 가지고 있을 것이니 내 안경을 가져갈 리가 없지.

안경을 필요로 하지 않는 사람이야 그것을 가져갈 리가 없지.

그렇다면 아무도 안경을 가져 가지 않았다는 말이 된다. 아무도 가져가지 않았다면 안경이 없다는 것을 나는 내 눈으로 확인했단 말은 어떻게 된 것인가.

안경을 끼지 않으면 아무것도 보이지 않아. 내가 잘 보이는 것은, 내가 안경을 끼고 있다는 것이 되지 않으면 안 된다.

그제서야 그는 코로 손을 가져갔다.

5장

바른 인격을
형성시키는 교육

가정은 인격 형성의
온상

86

아이가 자라서 성인이 된다는 것은 적어도 세 가지 면에서 성숙한 인간이 된다는 것을 의미 한다.

몸이 자라서 성숙한 육체가 되고, 머리가 발달하여 지혜 있는 사람이 되며, 사람으로서의 인격을 형성하게 되는 것을 뜻한다.

이 세 가지 요건을 갖추어 성인이 되는 과정은 길고도 어려운 과정이다.

인간은 다른 어떤 동물보다도 가장 오랜 준비 기간을 거쳐 성숙한 인간으로서의 발달을 이룬다. 다른 동물에서는 볼 수 없는 지혜와 인격을 구비해야 되기 때문일 것이다.

아이는 인간으로서의 인격을 구비하기 위해 바른 가치관을 몸에 익히고 잘 안정된 성격을 형성해야 하며, 사회인으로서 제대로 기능을 다할 수 있는 책임감과 자립심을 습득하고 원만한 대인관계에 필요한 태도를 배워야 한다.

성숙한 인간으로서 구비해야 할 이러한 모든 자질은 타고 나는 것이 아니기 때문이다.

비록 이 배움의 길이 고달프고 끈질긴 노력이 필요한 과정일지라도 바른 인격을 형성하기 위해선 필연적으로 거쳐야 할 과정이다.

또 부모의 입장에서는 어떤 희생을 무릅쓰고라도 가르치고 이끌어 주는 것이 과제이며 책임이다. 인격은 자연적으로 형성되는 것이 아니다.

가정에서의 끈질긴 교육에 의해서 인격형성은 가능해진다. 경우에 따라서는 벌을 주기도 하고 칭찬을 해 주어야 하며 독립심을 키우기 위하여 격려하고 질책을 해야 할 때도 있다.

인격의 형성은 어린 시절에 그 기초를 마련해야 한다. 바르고 튼튼하게 다져진 기초 위에 인격이 형성되어야 그 아이는 훌륭한 인격으로 성숙하게 된다.

인격 형성을 위하여 가정교육이 특히 중요시되는 이유가 바로 여기에 있다.

가정에서는 개성 있는 인격을 위한 기초를 마련해야 되는 것이다.

습관, 태도, 성격, 자립심 등 인격을 구성하는 인간으로서의 자질은 대부분 학교에 가기 전 나이에 형성된다. 물론 그 후에 전혀 변화하지 않는 것은 아니다. 그러나 어려서 형성된 습관, 성격 등은 그렇게 쉽게 변하지 않는 것도 사실이다. 성격만 하더라도 어린 시절에 형성되기

때문에 사람들은 흔히 성격은 타고나는 것으로 생각한다.

'저 애는 누굴 닮아 성격이 저 모양인지…….' 하는 어머니들의 푸념을 가끔 듣게 되는데, 사실은 누구를 닮은 것이 아니라 그런 성격이 형성 되도록 한 어머니의 영향이 크다. 습관도 그렇고 태도도 그렇다.

이러한 이유로 바른 인격 형성을 위한 가정의 책임은, 어머니의 무제한적인 사랑, 부모의 솔선수범하는 행동과 자애로운 보살핌, 부모의 엄격한 규율과 질서를 요구하는 교육이라고 말할 수 있다.

아마 이쯤 되면 "세상 부모 역할 하기가 그렇게 어려워서야……." 하고 두 손을 번쩍 드는 사람이 있을지 모르겠으나 너무 염려할 필요는 없다. 이 중에서 가장 필요한 것은 부모의 참된 사랑이며 이것만 있다면 아이는 바르게 자랄 수 있기 때문이다.

자주성을
키우는 의식

87

바른 인격을 형성하기 위해서 무엇보다도 필요한 것은 자주성이다.

동양 사람은 의타심이 많다는 말을 자주 듣는다. 자신의 힘으로 문제를 해결하기 보다는 다른 사람에 의존해서 덕을 보려는 경향이 많다고 들었다.

아이가 이미 독자적인 행동을 할 수 있는 나이가 되었음에도 모든 것을 부모에게 의존하려는 성향, 자신이 문제를 풀어보기도 전에 선생님이 알아서 해답을 주기를 갈구하는 태도 등에서 자립심의 결여를 여전히 볼 수 있다.

친척 중에 잘 사는 사람이 있으면 그 사람의 덕을 좀 보는 것을 당연한 것으로 생각하고 신입 대학생의 등록금을 도와달라고 갔다가 거절

당하면 철천지원을 품게 되는 것이 현실인 것 같다.

교회에 가보면 이런 의타심이 하나님께 드리는 기도에서도 잘 나타나는 것 같다.

서양 사람의 기도에 비하면 동양교회에서의 기도는 우선 너무 길다. 기도가 길다는 것은 기도 속에 희구(希求)가 많다는 것을 뜻하기도 한다.

물질의 축복도 주시고, 성령의 축복도 주시고, 출세의 축복도 주시고, 또 무슨 복을 주십사고 하는 기도가 한참이나 계속 된다.

물론 이것은 신앙관에 따라서 다를 수 있는 것이지만 다분히 타인에의 의존적인 성격과 밀접히 관련 되어 있는 것 같다. 더욱 그런 생각을 하게 되는 것은 기도 중에 나오는 소망 중에 인간이 자력으로 능히 할 수 있는 것도 포함 되어 있기 때문이다.

문화 인류학자들은 동양 사람의 의존적 성격의 원인을 어린이의 교육방법의 차이에서 찾으려고 한다. 이것은 올바른 관점이다.

의존적 성격은 결코 선천적인 것이 아니요 결국 어떤 교육을 받았느냐에 따라서 결정되는 것이기 때문이다. 특히 성격이 형성되는 어린 시절에 받은 가정교육이 절대적인 비중을 차지한다.

일반적으로 서양 사람들은 동양 사람들보다 일찍부터 자녀의 독립성 훈련을 시작한다.

동양의 어린이들이 아직 엄마의 품에서 어리광을 피우고 있을 나이에 서구 사회의 어린이들은 상당할 정도로, 독립적으로 성숙되어 있는 것을 볼 수 있다. 심리적 성숙이 빠른 것이다.

잠자는 일에 있어서도 서구의 어린이들은 딴 방에서 혼자 자도록 훈련 받는다. 일찍부터 엄마는 구원을 청해오는 어린이의 요청을 매정하게 거절한다.

이런 일면의 독립성 훈련이 서양 사람들의 자립심, 개척정신, 모험심 등을 기르는 원천이 된다고 한다.

여기에서 심리적 이유는 물리적 이유와 거의 같은 시기에 병행시켜야 한다는 주장이 나온다.

그러나 이와 같은 주장이 반드시 옳다고만 할 수는 없다. 왜냐하면 그런 방법이 독립심을 기르는 데에는 도움이 될 수 있지만, 부모나 자식 간의 관계를 지나치게 냉정하게 한다는 점에서는 역효과가 나올 수도 있다.

여기에 대한 대안으로 어린이들이 중학교에 들어갈 나이가 되면 모든 것을 자주적으로 결정하고 행동하도록 책임을 부여하는 방법이 있다. 또한 이 시기는 심리적 발달로 보아 청소년 전기에 해당하는 시기로서 가정의 구속이나 부모의 지배로부터 벗어나려고 하는 시기와도 일치한다.

바로 이 시기에 자주성을 강조하고 독립된 인격으로서의 책임감을 느끼도록 해야 한다. 공부한 것을 발표하게 하는 것도 큰 효과가 있는 일이다.

대개의 성년식에서는 어른의 말씀을 듣는 것을 위주로 하는 것이 보통인데 자신의 의견을 발표하게 하여 자주적인 행동을 보강시켜 주는 것이다.

오른손으로 벌하고
왼손으로 안아준다

88

유대인의 가정교육은 동양의 전통적인 가정교육 방식과 유사한 점을 많이 가지고 있다. 그 중의 하나가 엄격함과 애정 양면을 조화시키는 것이다.

전통적인 유대인의 가정교육은 '엄부자모'라는 말로 대변할 수 있다. 아버지는 엄히 다스리고 어머니는 애정으로 감싸 준다는 뜻이다. 이것은 대단히 현명한 방식이다.

아버지의 벌을 받는 아이를 달래주고 감싸주는 누군가가 필요한 것이다. 반드시 아버지는 엄하고 어머니는 애정을 가져야 한다는 뜻은 아니다.

부모 중의 누구 하나는 아이를 달래 주는 역할을 해야 한다는 뜻이다. 경우에 따라서는 엄모자부가 될 수도 있다. 문제는 양쪽이 모두 엄하거나 양쪽이 모두 익애(溺愛)하는 데 있다.

유대인의 속담 중에는 바로 이점을 적절하게 표현한 것이 있다. 이것은 표제에 있는 바와 같이 「오른손으로 벌하고 왼손으로 안아주라」는 말이다.

이 말은 자녀 교육에 있어서 엄격함과 애정의 포용성을 겸비해야 된다는 것을 지적한 것이다.

유대인의 어머니들은 어느 정도 이 가르침을 충실히 이행하고 있다.

유대 가정에서 아버지의 부권은 최대한으로 존중되고 만일 아이가 잘못을 저지르면 아버지의 추상같은 체벌을 받게 된다. 그러나 벌을 받은 아이를 그대로 두지는 않는다. 아이가 그날 잠들기 전에 어머니는 애정 어린 손길로, 또는 다정한 말로서 아이의 기분을 풀어준다. 그리고 왜 벌을 받게 되었는가 하는 것을 차분하게 설명해 준다.

이와 같은 방식은 아이가 독립된 인격으로 성숙하기 위해서 필요한 것이다.

아이에게 일찍 좋은 습관을 길러주고 바른 태도를 가지도록 하기 위해서는 어느 정도의 체벌은 필요하다. 다만 아이가 체벌을 받기에는 아직 의식이 성숙되지 않았거나 또는 아이의 잘못이 아니라 부모의 울분을 배출하는 수단으로 아이를 체벌할 때 부작용이 일어나는 것이다.

아이가 부모의 사랑을 받고 있다는 의식이 있을 때에는 웬만한 정도의 체벌이 주어 지더라도 아이들은 체벌을 충분히 소화할 수 있다. 어느 가정에서는 아이에게 심한 욕을 하는 것을 흔히 볼 수 있다.

그 욕의 내용을 따져보면 대단히 심각한 욕인 경우도 많다.

그러나 이러한 어머니의 지나친 욕이 큰 문제를 야기 시키지 않으려면 어머니의 사랑에는 변함이 없다는 어머니에 대한 기본적이 신뢰감이 형성되어 있어야 한다.

우리들 자신의 경험을 통해서도 알 수 있듯이 아이는 욕을 먹거나 체벌을 받더라도 어머니의 사랑만 충분하다면 그러한 벌이 아이에게 어떤 상처를 만들지는 않는다.

소아과 의사인 친구에게서 들은 이야기다.

그는 자못 흥분된 어조로 이렇게 말했다.

"글쎄. 세상에 이럴 수가 있어?"

"무슨 일이 있었던 모양이군."

"세상에 애 엄마들이 다 이래서야 어디 온전한 사람이 있을라고. 어디 심리학자가 말 좀 해보게나."

"무슨 말인지 좀 자세히 말해 보게나."

대화는 시작되었고, 그의 이야기는 다소 충격적이었다. 그가 흥분하게 된 까닭은 대략 이런 것이다. 어느 날 30대의 젊은 부인이 이제 채 두 돌도 되지 않은 아이를 데리고 진찰실로 찾아왔다. 어느 모로 보나 고등교육을 받은 귀부인 차림의 가정부인이었다. 그런데 그 뒤에 같이 허술한 옷차림의 가정부가 따라왔다. 진찰이 시작되자 의사는 애 어머니에게 몇 마디의 질문을 했다.

"언제부터 열이 나기 시작했습니까?"

　이 질문을 받은 어머니는 뒤를 돌아오며

　"언제부터 열이 나기 시작했지요?"

하고 가정부에게 물었다. 질문은 계속된다.

　"애가 대변은 제대로 봅니까?"

　역시 마찬가지로 뒤를 돌아보며,

　"화장실에는 언제 갔어요?"

　좀 불쾌했지만 계속 물어 보았다.

　"밥은 잘 먹습니까?"

　천연덕스럽게 다시 돌아보며,

　"애 요즘 밥은 잘 먹어요?"

이쯤 되면 그 친구가 흥분할 만도 하다.

어머니의 정성어린 보호와 그칠 줄 모르는 사랑을 모르고 자라나는 아이, 문제는 바로 여기에 있다.

이렇게 방임된 아이, 즉 어머니의 따듯한 손에서 자라지 못하고 가정부에게 맡겨진 아이에게 제대로 형성된 인격을 기대하기는 어렵다.

역시 아이가 제대로 자라기 위해서는 엄격한 규율 밑에서 훈육을 받아야 하지만 이와 동시에 어머니의 품에서 응석을 부릴 수 있는 경험도 필요하다. 이런 점에서 유대인의 속담 「오른손으로 벌하고 왼손으로 안아준다.」는 말을 깊이 음미해 볼 필요가 있다.

여기에서 현실을 검토해 볼 필요가 있을 것 같다.

요즘 가정교육에서 현저하게 눈에 띄는 것은 익애, 방임, 거부의 현상이 증가하고 있다는 사실이다.

물론 이 모두는 아이의 독립된 인격 형성을 위해 좋지 않은 것들이다. 자녀가 귀엽다고 모든 일에 "오냐, 오냐" 하는 것은 버릇이 없고 자기 중심적인 비현실적 인격을 형성하게 된다. 아이에게는 먹을 것만 주고, 가르치는 것은 가정교사에게 맡기면 된다는 방임적인 어머니의 태도는 아이로 하여금 부모의 애정을 의심하게 하고 애정의 결핍을 느끼게 한다. 유치원이나 초등학교 저학년에서 선생님의 스커트에 매달리는 애정의 결핍아동들을 볼 수 있는데, 이들은 대개 방임적인 가정의 아이에게서 나타나게 된다. 익애나 방임보다 더욱 좋지 못한 것은 아이에의 거부현상이다. 도대체 아이는 귀찮은 존재라고 생각하거나 마음속으로 은연중에 '아이가 없었으면' 하는 생각을 가지고 있다면 이것은 아이를 부정하는 것이다. 이런 상황에서 자란 아이는 대개의 경우 공격적인 성격을 가지게 되고, 이것으로 인하여 대인관계에서 실패하는 것을 볼 수 있다.

역시 아이의 건전한 인격형성을 위해서 요구되는 것은 애정 있는 훈육을 적절히 수행하는 것이다. 아이의 진정한 인격형성을 원한다면 익애, 과보호, 방임, 거부, 간섭 등의 좋지 못한 지도에서 빨리 탈피하여야 할 것이다.

유머를
활용한다

89

유대민족처럼 유머를 즐기는 민족도 드물다.

우리는 흔히 친구 사이에서나 농담을 주고 받는 것으로 생각하지만 유대인은 친구사이는 물론 부모 자식 간에도 유머가 있는 말을 자주 주고 받는다. 이런 유머에 의하여 유대인은 웃음을 웃고 삶을 즐긴다.

어떻게 보면 유대 민족이 받아온 설움을 이런 유머에 의해서 달래 왔는지도 모른다. 유대인의 속담 중에는 이런 것이 있다.「생물 중에서 인간만이 웃음을 안다. 인간 중에서 현명한 자만이 잘 웃는다.」

이 속담은 인간생활에서 웃음은 대단히 중요하며 웃음은 인간만이 누릴 수 있는 특권이라는 것을 말한다.

학교 선생님이 숙제 답안지를 채점하다가 하는 말씀이,

"지독하게 못했군. 어떻게 혼자서 이렇게 많이 틀릴 수가 있을까?"

이 말을 들은 학생은,

"저도 그렇게 생각하는데요! 사실은 아버지와 어머니가 도와주신 걸요."

이렇게 말하고 선생님과 학생이 모두 박장대소를 한다.

초등학교 5학년에 다니는 어린이가 심심했던지 어머니에게 농담을 걸어온다.

"엄마, 나 태양이 떨어지는 거 보러 갔다 올게요."

이 말을 어머니는 재치 있게 받아 넘긴다.

"응, 그런데 태양 너무 가까이 가면 못써요."

그리고는 둘이서 깔깔대고 웃는다.

공부를 열심히 하는 학생이 있었다. 그는 밥을 먹을 때나 걸어 다닐 때나 언제나 공부만을 하고 있었다. 동네 사람 사이에서도 잠잘 때도 공부를 한다는 소문이 나 있을 정도였다.

이 소문을 들은 랍비는 "아마 그는 아는 것이 없을 게다."라고 말하였다. 사람들이 놀라서 "어째서 그렇습니까?" 하고 물었다.

이에 랍비는 태연하게 "너무 공부만 하니 생각할 여유가 있어야지." 라고 말하였다.

밤중에 잠을 자지 않고 방안을 서성이는 남편을 보고 잠자리에 들어 있던 아내는,

"여보 왜 안 자고 그래요?"

이 말에 남편이 대답했다.

"아이젝에게 돈 100불을 꾸었거든. 내일 아침까지 그것을 갚아야 하는데 100불은 커녕 10불도 없으니 어떻게 하지?"

그러자 아내는,

"원 당신도, 잠 못 잘 사람은 아이젝이지, 어째 당신이 잠을 못자요?"

얼마나 재치 있는 유머인가!

이런 유머를 주고 받으며 유대인은 잘 웃는다. 이 중에서도 특히 관심을 끄는 것은 부모와 자식 간의 유머이다.

유대인은 기본적으로 엄격한 가정이면서 이런 유머에 의해서 자녀들의 굳어진 마음을 풀어주고, 공부에 시달리는 자녀의 머리에 여유를 준다. 부모와 자식 간에 격의 없는 유머를 주고받을 수 있으면 가정의 분위기가 얼마나 부드러워질까 하는 것을 생각해 본다.

유머는 가정의 분위기를 밝게 하고 자라나는 아이들에게 마음의 여유를 주기도 하고, 교육적인 효과도 수반한다.

일반 사회에서는 유머를 장난이라고 생각하고 유머를 잘하는 사람을 가리켜 실없는 사람이라고 생각하는 경향이 있으나, 유대인은 그렇게 생각하지 않는다. 유대인은 유머를 가장 수준 높은 지적 활동이라고 생각한다.

영어의 '조크'라는 말에는 품위 있는 유머라는 의미를 내포하고 있다. 아마 해학이라고 해야 할 것이다.

히브리어 말로는 조크와 지혜를 모두 '호루마'라고 하는데, 이것만 보더라도 조크를 단순한 장난이나 익살이라고 생각하지 않는다는 것을 알 수 있다.

인간 생활은 문명사회일수록 어느 면은 단조로워지게 마련이다. 지켜야 할 사회규범이 있고, 예절에 벗어나지 않는 행동을 해야 되며, 대인관계를 고려해서 마음에 없는 말을 해야 할 때도 있고, 체면을 위해서 없는 것도 있는 척 해야 할 때도 있다.

이렇게 많은 구속을 받아가며 살아가는 것이 현대생활이다.

삶의 과정은 고속도로를 달리는 것이나 다를 바 없는 것인지도 모른다. 잘 규제되고 잘 관리된, 그리고 이미 정해진 코스를 아무런 생각 없이 가고 있는 것이다.

여기에는 예외나 의외의 일이 있을 수 없다.(만일 그런 의외성이 있게 되면 이것은 생명의 위협을 받는 교통사고가 될 수 있을지도 모른다.)

이런 인간 생활에 조크는 필연적이라고 생각한다.

얼마 전에 '나는 벗고 싶다.'라는 슬로건을 내세우는 문화인 대회가 열렸던 것을 기억하는데, 이것도 따지고 보면 단조로움과 가식에서 벗어나려는 충동이라고 할 수 있다.

지금은 많이 사라졌지만, 한 때 미국의 젊은이들 사이에서 열병처럼 번져갔던 히피족도 중산층과 가식으로 그 생활이 장식되는 상류층 가정에서 많이 나왔다는 것은 결코 우연한 일이 아니다.

조크는 이런 규범에서 잠시나마 벗어나게 해준다. 조크는 또한 틀에 박힌 규범적인 사고에서 벗어나는 생각을 하게 해 준다.

바로 이 점에 교육적인 의미가 있는 것이다.

항상 정해진 해답만을 생각하거나, 지금까지 배운 것을 다시 생각

하는 것에만 젖어 있다가 그 틀에서 벗어나는 것은 독창적 사고를 낳게 만드는 계기가 되기도 한다.

모든 사물을 똑같은 방향에서만 보지 말고, 다른 방향에서 사물을 보는 일이 필요하다.

방안에 놓여 있는 탁자를 다른 위치로 옮겨 놓으면 새로운 감각이 생기는 것도 사물을 다른 방향에서 보기 때문이다.

유머는 마치 사물을 다른 방향에서 보는 것과 같은 것이다.

미국의 저명한 심리학자인 고든 올포트는 성숙한 인격에서 발견되는 특징의 하나로서 유머 감각을 들고 있다.

어떤 사람이 성숙한 인격을 구비한 사람이냐에 대해서는 학자에 따라 의견이 다르고 문화에 따라 차이가 생긴다.

"어떤 사람이 성숙한 인격의 소유자입니까?" 이런 질문을 프로이트에게 제기한다면 아마도 그는 "사랑하며 일할 수 있는 사람"이라고 답변할 것이다.

어떤 사람은 "사랑하고, 일하고, 놀 줄 알고, 하나님을 공경하는 사람"이라고 답변할 것이다.

이 문제에 대하여 올포트는 좀 더 명확한 해답을 얻기 위하여 광범한 연구를 진행한 결과, 성숙한 인격에는 반드시 부드러운 유머 감각이 구비되어야 한다고 주장한다.

"매주로우"라는 심리학자도 이와 유사한 결과를 찾게 되었다.

정신적으로 안정되고 건강한 인격의 소유자는 수준 높은 유머를 잘하고 유머를 이해할 수 있는 센스가 있다는 것이다.

올포트는 유머센스와 통찰력 사이에는 높은 상관관계가 있다는 것도 발견하였다. 이렇게 볼 때 유머가 있는 생활은 교육적으로도 중요한 뜻을 지닌다.

일반적인 가정에서 부모와 자녀와의 대화는 지나치게 사무적인 경우가 많다. 유머는 물론이고 정감이 있는 대화마저 찾아보기 어려운 것같다. 학교에 다니는 자녀들과의 대화는 그 대부분이 학교 공부에 관한 것이거나 성적에 관한 이야기가 주류를 이룬다. 그리고 부모와 자녀 사이의 대화는 돈을 주고 또 받는 데 관련된 내용이 상당 비중 차지한다.

부모와 자녀 사이에 위트 있는 유머에 의해서 가정의 분위기를 좀더 부드럽게 하는 것을 생각해 볼 필요가 있다.

이렇게
꾸짖어라

90

부모가 아이의 잘못을 꾸짖는 방법은 위협 형, 비교 형, 나열 형, 조소 형, 변덕 형 등으로 분류할 수 있다.

"다시 그런 짓 했다간 없어!" 이것은 위협 형이다.

무서운 벌이 앞에 대기하고 있다는 것을 예고함으로서 잘못된 행동의 반복을 막아보자는 것이다. "네 동생을 좀 봐라! 넌 어째 그 모양이냐?" 다른 사람과 비교해서 수치감을 자극하고, 그럼으로서 분발을 촉구해 보자는 것이다. 이것은 비교형이다.

"아닌 넌 어쩌자고 그러니! 꽃병을 깨지를 않나, 자전거를 망가뜨리지 않나……."

이런 말은 어린이가 저지른 잘못의 역사를 캐는 것이다. 이것은 나열형이다.

잘못을 나열해서 문제만을 계속 일으킨다는 것을 인식시키자는 것이다. "잘 들 논다. 어디 좀 더 해보시지!" 이것은 조소형이다. 비웃어주면 수치스럽게 생각하리라는 계산이다. 끝으로 변덕 형이 있다. 이것은 일관성이 없는 꾸지람을 의미한다.

거의 똑같은 정도의 잘못인데도 기분이 좋을 때면 대수롭지 않게 여기다가 기분이 좋지 못하면 입에 담기 어려운 욕설을 서슴치 않는 변덕이 심한 경우이다.

어떤 형의 꾸지람이 되든 간에 이와 같은 꾸지람은 모두 교육적으로 바람직한 것이 되지 못한다.

아이들은 자라는 과정에 있기 때문에 얼마든지 잘못을 저지를 수 있다.

꽃병을 가지고 장난하다가 깨뜨릴 수도 있고, 새로 도배를 한 벽에 낙서를 할 수도 있으며, 형제끼리 싸움을 할 수도 있다.

어떻게 보면 이런 잘못이 있음으로서 아이들은 자라고 있다고 할 수 있을 것이다.

어떻게 성장과정에 있는 아이에게 빈틈 없는 완벽한 행동을 기대할 수 있겠는가? 요컨대 부모가 관심을 가져야 할 것은 잘못된 행동이 다시는 반복되지 않도록 예방하는 것이다. 한 두 번의 잘못이 있었다고 아이의 인격 자체를 모독하거나 비웃는 일은 있을 수 없는 일이다.

이 점이 유대인의 가정에서 배워야 할 일인 것 같다.

이것은 아이의 잘못된 행동을 꾸짖는 부모의 자세에 있어서 기본적으로 갖추어야 할 조건이다.

즉 아이의 인격이 아니라 잘못된 구체적 행동을 꾸짖는 것이다.

이와 더불어 아이를 꾸짖을 때에 지켜야 할 몇 가지의 규칙이 있다. 한 가지는 화가 난 상태에서 꾸짖거나 나무라서는 안 된다는 것이다.

아이가 잘못을 저질렀을 때 부모가 화를 내게 되는 것은 있을 수 있는 일이다.

애써 발라놓은 새 장판에 잉크병을 엎질렀다고 가정해 보자.

어머니의 화가 난 찬 손이 올라가게 되는 것은 이해할 수 있는 일이다.

화를 낼 수도 있을 것이다. 이것을 모두 참으라고 말하기는 어렵다. 그러나 화가 나 있는 상태에서 무엇을 가르칠 수는 없는 것이다.

유대인의 속담 중에 「화가 나 있을 때 가르칠 수는 없다」는 말은 이 점을 적절히 말해주고 있다.

결국 화가 난 상태를 가라 앉힌 다음 차분하게 잘못된 행동을 지적해 주고 잘못된 행동이 좋지 못한 결과를 낳게 된다는 것을 가르쳐 주는 일이 중요하다.

어릴 때 마음껏
놀게 하라

91

유대인 아이들의 생활은 여러 면에서 율법에 얽매어 있는 제약된 생활임에 틀림없다. 특히 자라는 청소년이나 아이의 입장에서 본다면 현실생활에 대한 적응이 대단히 어려운 것이 사실이다.

미국 뉴욕에 있는 어느 초등학교에서 근교에 있는 녹지대로 소풍을 간 일이 있다.

그 학급에는 유대인 학생 세 명이 끼어 있었다. 현장에 도착한 학생들은 모두 즐겁게 뛰어놀고 가게에서 먹을 것을 사 먹었다.

그때 TV를 통해서 한참 광고하던 과자가 있었는데 TV의 광고 탓인지 학생들은 모두 그 과자를 사서 먹었다.

이때 유대인 학생 한 명이 여러 학생들 틈에 끼어서 그 과자를 사려고 하자 다른 유대인 학생이 재빨리 달려가서 넌지시 귀띔을 하는 것이었다.

"데이빗! 우리 엄마가 그러는데 그 과자는 돼지기름으로 튀긴 것이라 먹으면 안 된대."

그 말을 들은 유대인 학생은 거의 반사적으로 과자를 사려던 대열에서 물러났다.

이 이야기는 유대인으로서의 생활이 얼마나 제약받고 있는가를 잘 나타내 준다. 그런데 주목할 것은 이런 환경에서 자라나는 유대인의 아이들이 정서적으로 잘 안정 되어 있다는 사실이다.

최근에 미국에서 발표된 연구보고서에 의하면 이른바 정서적 장애아를 민족별로 분류해 본 결과 가장 비율이 낮은 민족은 유대인이고, 그 다음이 한국인이라는 사실이 밝혀졌다.

이것은 무엇을 말하는가? 이런 결과를 낳게 하는 비결은 무엇인가? 결국 얻을 수 있는 명확한 결론은 건전한 가정에서 그 이유를 찾을 수 있다는 것이다.

좀 더 세밀하게 유대인의 가정을 관찰해 보면 그 가정 속에는 아이들의 정신적 지주가 있고, 또 그들의 생활을 보다 풍성하게 해주는 즐거움이 있는 것을 발견하게 된다.

그 즐거움이란 아이로 하여금 어릴 때에 마음껏 놀게 하는 것이다. 일반적으로 어릴 때 놀면 어른이 되어서도 놀게 된다고 생각하기 쉬우나 유대인들은 그렇게 생각하지 않는다.

오히려 어릴 때에는 충분히 놀리고 서서히 학교 공부의 길로 유도

하는 것이다.

유대인들은 결코 학교 공부를 아이들에게 타율적으로 강요하지 않는다.

아이들이 자진해서 공부에 열중하도록 유도하며 공부란 즐거운 것이라는 생각을 하게 하는 것에서부터 서서히 보다 깊은 진리 탐구의 길로 인도한다.

요즘 세계 각국에서, 아이들에게 학과 공부를 강압적으로 주입하기 위하여 얼마나 많은 돈을 쓰고 있으며 또 아이들을 얼마나 많이 채찍질하고 있는가 하는 것을 절실히 느끼고 있다.

나는 아이들의 지식의 습득과 탐구를 일정한 젊은 시절에만 해야 할 것이 아니라 일생동안 계속해야 하는 것으로 생각한다.

비유해서 말하자면 공부는 마라톤 경주와 같은 것이어서 처음에 너무 빨리 달리면 금방 지쳐버리고 중도에서 기권하게 된다고 생각한다.

요즈음 교육계에서는 평생교육이라는 말이 널리 사용되고 있다. 공부는 평생 동안 계속해야 하는 것이다. 그것은 단거리 경주가 아니다.

어릴 때 충분히 놀도록 하는 것에는 또 하나의 중요한 교육적 관점이 내포되어 있다.

아이들이 논다는 것은 시간을 낭비하는 것이 아니라는 관점이다. 아이들을 데리고 야외로 놀러 나갔다고 생각해보자.

도시의 혼탁한 공기 속에서, 협소하고 복잡한 콘크리트의 구조물 속에서 살던 아이라면 무엇보다도 신선한 공기와 시원한 자연에 매혹되어 이리 뛰고 저리 뛰어가며 놀 것이다.

정성껏 준비한 점심을 먹고, 이것 저것 구경한 다음 피곤한 몸으로 집에 돌아올 것이다. 얼핏 보기에 하루를 즐겁게 해주었다는 것 이상의 어떤 의미가 있는 것 같지는 않다. 그러나 아이의 입장에서는 하루의 경험이었지만 아이에게 이것은 잊을 수 없는 경험이 되고 그 경험을 통해서 많은 것을 배우게 된다. 부모가 놀랄 정도로 "많은 것을 배웠구나!" 하고 느껴지는 경우도 많다.

놀이는 아이에게 중요한 학습경험을 제공해 준다.

아이가 논다는 것은 어른이 놀고 지내는 것과는 다르다.

아이는 놀면서 배우고, 노는 것이 바로 배움인 것이다.

생전 처음 기차를 타고 도시 구경을 온 두메산골 아이의 표정에서 아이가 무엇인가를 느끼고 있고, 생각하는 순간순간에 많은 것을 배우고 있다는 것을 느끼는 것은 어렵지 않다.

반대로 대도시의 소음 속에서 자란 아이가 처음으로 시골에 나들이 갈 때, 그들의 표정에서도 꼭 같은 것을 느낄 수 있다. 반복되지만 아이가 논다는 것은 학과 공부를 하지 않는다는 것 일뿐, 다른 종류의 공부를 하고 있다는 것이다.

이렇게 보면 어릴 때 마음껏 놀게 한다는 것은 그 시기에 배워야 할 중요한 공부를 하고 있는 것이나 다를 바가 없다.

놀이를 통해서 아이들은 평소의 좌절된 감정을 분출시키는 속 시원한 경험을 맛보게 되고, 여러 가지 사회생활에 필요한 규율도 배우고, 친구들과 어울리는 방법도 배우고, 자신의 의사를 표현하는 기능도 몸에 익히게 되는 것이다.

어릴 때 지나치게 학과공부만을 강압적으로 요구하는 것은 바른 인격 형성을 위해서 도움이 되지 못한다.

충분히 놀면서 학과공부 아닌 다른 종류의 많은 것을 공부하게 하고, 일생동안 계속해야 할 면학의 길로 서서히 인도하는 것이 필요하다.

부권(父權)의
회복을

92

　가정 교육은 부모의 공동 작업으로 성취되는 것이며, 특히 아버지의 권위를 통한 교육을 필요로 할 경우가 많다. 더욱이 동양의 전통적인 가정교육 방식인 엄부자모라는 점에서 볼 때에도, 아버지는 아이의 교육에 있어서 절대적으로 필요한 존재이다.

　아버지의 엄한 면이 있어야, 어머니의 애정 어린 보살핌은 균형을 유지하게 된다. 그러지 못하게 되면 어머니가 이중역할을 담당해야 하는데, 이것은 거의 불가능한 것이다. 아버지의 교육적 기능이 상당히 중요한 것은 사실이다. 그러나 요즘은 가정에서 아버지의 교육적인 권위가 상실된 것을 부인하기는 어려운 것 같다.

　아버지의 권위가 추락되었다는 말은 적합한 표현이 아니고, 부권부

재의 현상이라고 보는 전문가도 있다. 가정에서 아이들이 아버지의 모습을 보기가 어려울 정도가 되었다는 주장이다. 물론 상당히 많은 가정에서 부권이 건재하다는 것을 믿고 싶다.

그렇지만 남성들의 사회생활이 더욱 바빠진 것도 사실이다. 어떤 사회학자는 사람들이 왜 그렇게 바빠졌는지 그 이유를 알 수 없다고 말하는 사람도 있다. 모든 생활이 편리해지고 교통수단도 발달되었는데, 사람들은 더욱 바빠졌으니 알다가도 모를 일이라는 것이다.

그러니 가정에서 아이와 접촉하고 대화할 수 있는 시간은 줄어들 도리밖에 없다. 어쩌다 저녁에 일찍 귀가해도 많은 사람들이 피곤함을 느끼는 것 같다. 현대인은 어느 시대보다도 더욱 많은 스트레스 속에서 살고 있다는 것도 부인할 수 없는 일이다. 모처럼 쉬는 날이면 우선 자신의 스트레스를 해소하기 위하여 낚시도 가야하고 등산도 가야 한다. 이런 상황이니 아버지의 모습을 볼 수 없다는 아이의 불평도 있음직한 일이다.

너무 서두가 길어졌으나 진정한 가정교육을 위해서 아버지의 교육적인 권위가 필요하며 그러기 위해서 부권의 회복이 절실히 요망된다.

유대인의 가정에서는 아버지가 절대적인 권위를 가지고 있다.

예를 들어 가정 내에서는 아버지만이 앉을 수 있는 의자가 마련되어 있다. 이 의자에는 누구도 앉지 못하게 되어 있고, 이 의자 자체가 아버지의 권위를 상징한다.

이러한 권위가 유지되고 있기 때문에 아버지의 말 한마디와 일거일동은 아이에게 중요한 교육적 영향을 미친다. 상당히 많은 경우에 있

어서 아버지의 무게 있는 말 한마디가 자녀의 심금을 울려주고 깊이 있는 교훈이 일생동안 잊을 수 없는 좌우명이 되는 수가 많다.

자녀들의 교육을 위해서 부권의 회복이 필요하다. 이것은 여성이 상위에 있어야 한다는 것을 뜻하지 않는다. 아버지의 권위를 세워주고 그 권위에 의해서 가정교육의 상당한 비중을 담당해야 한다는 뜻이다.

먼저 가정 내에서는 아버지와 자녀가 대화하는 시간을 늘리고 아버지의 말씀은 최대한으로 존중되는 분위기가 형성되어야 할 것이다.

자녀의 바른 인격형성은 가정의 책임이며, 이것은 아버지와 어머니의 공동 작업에 의하여 가능해진다. 퇴색일로에 있는 부권을 회복시키는 것이 바로 훌륭한 자녀 교육의 기본요건인 것이다.

6장

강인한 의지를
키우는 교육

의지는 성공의 원동력

93

일상 대화에서 '의지'라는 말이 자주 사용되지만 그 뜻은 문맥에 따라 조금씩 달리 사용되는 것 같다. "요즘의 젊은이들은 의지가 약해서 큰일이야!" 청소년들의 생활 태도가 지나치게 안일해진 것을 한탄하는 어느 노인의 푸념이다.

중년층도 이에 가세하여 한마디 한다.

"요즘 학생들 의지가 약해서 걱정이야. 버스 한 정거장도 꼭 타고 다녀야 하니……. 우리 때야 버스가 다 뭔가, 다들 걸어 다녔지."

이 경우 의지라는 말은 어떤 쾌락이나 생활의 편의만을 따르지 않고 본분에 맞는 생활 태도와 그런 환경을 받아들이는 마음의 자세를 뜻한다.

"좀 더 큰 뜻을 가져야 해! 하려고 하는 의지만 있다면 안 될 일이 있겠나!" 고등학교의 선배가 후배를 격려하고 자신감을 주기 위해 하는 말이다. 이때의 의지라는 말의 뜻은 목적지향성 이라는 어감을 다분히 내포한다. 좀 더 목적을 세우고 그 목표에 도달하려는 지향성만 있다면, 충분히 목적을 달성 할 수 있다는 격려의 말이다.

"자네 담배를 끊었다고? 의지가 대단하군. 난 의지가 약해서 그런지 도무지 안 되더군."

30대 친구끼리 주고 받는 대화이다.

의지가 대단하다는 말은 결단성이 있다는 뜻으로 해석된다.

그토록 강한 결단력이 있기에 끊기 어려운 담배를 끊을 수 있었다는 말이다.

의지라는 말은 불굴의 정신, 역경을 이겨 내는 용기와 집념이라는 뜻으로 사용된다.

이렇게 의지라는 말은 상황에 따라서 조금씩 다른 의미로 사용되지만 모든 경우에 있어서 공통적인 것은 자신의 생각을 관철시키는 정신력이라는 뜻이다.

의지는 어떤 결단을 뜻하기도 하고 끈기 있는 집념과 역경에 참고 견디는 인내력을 의미하기도 한다.

의지는 명석한 지적 능력이나 붙임성이 있다는 성격적인 것이 아니라 일종의 의욕이며 정신적인 자세이다.

심리학의 용어로서는 아마도 동기의 요소가 많이 포함된 개념이다.

원래 개념상으로 의지는 인격이라는 범주에 속하는 것이지만 그 중요성으로 보아 다르기도 한 것이다.

이러한 의지가 인생 과정에서 절실히 필요한 자질이라는 점은 분명하다. 아무리 머리가 명석하고 박식하며, 인격적으로 성숙한 사람이라 하더라도, 의지가 박약하면 개인적으로나 사회적으로 큰일을 성취할 수 없다. 뿐만 아니라 어려운 일을 당했을 때에도 의지가 강한 사람은 금방 좌절하거나 포기하지 않는다.

사람에 따라 의지의 정도가 다르다는 것은 오래 전부터 인정되어온 것이다. 어떤 사람에게는 의욕이 넘쳐 흐르고 어떤 사람은 만사를 쉽게 포기하는 데에서 개인차가 뚜렷하다는 것이 인정 되어 왔다.

그리고 개인차는 선천적으로 생긴다는 것이 종래의 통념이었다.

미국의 대표적인 초기 심리학자 윌리엄 제임스도 인간이 출생할 때에 상당히 많은 특성을 타고 나는 것으로 생각했으며 그 특성 중에는 명예욕, 수집본능, 의지 같은 것이 포함되는 것으로 생각 하였다.

그러나 현대 심리학은 이와 같은 의지의 특성이 선천적으로 결정되는 것이 아니라 후천적으로 길러진다는 것을 입증하고 있다.

넓게는 환경의 작용이 크다는 것을 밝힌 것이다.

여기에서 동기를 자극하고 의지를 키우는 문제가 일어나게 된다.

어떻게 하면 의지가 강하고 매사에 의욕이 왕성한 사람을 만들 수 있을까? 이점은 교육학자나 심리학자의 관심사가 되었으며 바로 이점을 엮어서 생각해 보려고 한다.

인내는 성공의
반대이다

94

이 제목은 유대인의 속담 중에서 인용한 말이다.

꾸준한 인내심이 성공의 열매를 맺게 한다는 의미를 부인할 수는
없다.

어떤 일을 성취하자면 무단히 참아야 하는 것은 사실이다.

아니꼽고 더럽고 메스껍고 치사한 꼴을 모두 참아야만 된다는 것이다.

그러나 이 유대인의 속담은 무조건 참는 것만이 미덕이라는 뜻은 아
니다. 이 속담을 좀 다른 각도에서 해석하면「인내는 성공의 전부가
아니다」라는 말도 된다. 모든 일에 있어서 참는 것이 필요하지만 무조
건 참는 것은 성공의 절반밖에 되지 못한다는 의미를 내포하고 있다.

이 속담이 내포하고 있는 그대로가 유대인의 가정 교육에 반영 되

는 것으로 보인다.

유대인의 가정에서는 먼저 참는 인내력을 기른다.

유대인은 아이의 식생활에서부터 인내심을 키우는데 주력한다.

특히 유대교의 명절 중에는 더욱 많은 제한을 받는다. 이스라엘 백성이 노예생활에서 해방된 것을 기념하는 유월절 기간 중에는 누룩이 들어 있지 않은 무교병만을 일주일 간이나 먹는다.

아이들은 처음에 빵을 먹겠다고 조르는 일이 있을 것이다.

그러나 유대의 어머니는 무교병이 먹기 싫으면 굶어야 된다는 것을 강조할 뿐이다.

이 과정을 통하여 아이들은 주어진 현실을 받아들이고 일주일 간이나 참고 기다리는 인내력을 발휘하게 된다.

유대의 아이들 중에서 편식하는 아이들을 찾아 보기 어렵다는 것도 식생활에 대한 철저한 훈육에 의해서 불만스러운 식사도 참고 받아들이는 인내심을 키워 준 데에 그 이유의 있다고 할 것이다.

그러나 유대인의 가정에서는 언제 어디서나 참는 것만이 미덕이라고 가르치지는 않는다.

아무 할 말도 하지 못하고 언제나 묵묵히 침묵만을 지키는 것이 최선의 길이라고 생각하지 않으며, 그러기에 필요할 때는 정당한 의사 표시를 하도록 가르친다.

형제 자매간에는 경쟁의식이 있고, 이 라이벌 의식 때문에 형제 간에도 싸움이 일어난다는 것은 국경을 초월하는 현상이다. 이것은 어느 나라 형제 간에도 있는 일이다. 형제 간에 싸움이 있거나 말다툼이 있을 때 동양의 가정에서는 흔히 참아야 한다고 타이른다. "형이 져야지"라든가 "형이 참아야 해"라는 것이 대부분의 경우이다.

사리를 따져서 공정하게 심판을 내려주는 것이 아니다.

무조건 참아야 한다는 것만을 강조하는 경향이 짙다.

이에 비해서 유대인의 가정에서 형제 간에 싸움을 다루는 방법은 좀 특이하다. 한 마디로 쌍방으로 하여금 자신의 의사를 충분히 표현할 수 있는 기회를 주는 것이다. 말하자면 부모라는 재판관 앞에서 언쟁을 하게 하는 것이다.

한참이나 갑론을박이 계속된 다음 부모의 심판이 내려진다. 그리고 일단 심판이 내려지면 더 이상 언쟁이나 싸움을 허용 하지 않는다.

형제 간의 싸움을 다루는 방법으로서 어느 쪽이 보다 현명한 것일까? 그렇게 정확하게 판단하기란 쉽지 않다. 판단의 일면은 형제간의 무조건적인 우애를 강조하고, 판단의 다른 일면은 정정당당한 경쟁을 정당화하는 것이다.

모두 그 나름의 장점이 있기 때문이다.

그러나 자녀의 의욕을 꺾지 않는다는 점에서 생각하면 형제자매간의 경쟁은 어느 정도 용인 될 수 있는 것이다. 이 경쟁의식을 통한 승패의 경험이 의지적 인간을 만드는데 기여한다는 것을 부인하기는 어렵다.

그러나 이와 같은 경쟁이 허용될 때에는 기본적으로 충족 시켜주어야 할 조건이 있다. 하나는 승패의 경험을 비교적 균등하게 가지도록 해야 한다는 조건이다.

경쟁에서 늘 이기는 경험만을 하게 되는 것도 바람직한 것이 되지 못하지만 늘 지는 경험만 하게 되는 것은 더욱 나쁘다. 결국 경쟁에서 이겨 보기도 하고 져보기도 하는 자연스러운 상태가 이상적이라 할 것이다.

또 하나는 협동하는 마음을 벗어나지 않는 범위 내에서 경쟁하는 마음이 허용되어야 한다는 점이다. 경쟁과 협동을 대립적인 것으로 생각할 수는 없지만 경쟁이 가열되면 협동을 해칠 가능성은 충분히 있는 것이다.

여기서 협동과 경쟁을 동시에 경험시켜야 할 교육적인 문제가 있다. 초등학교에 입학해서 고등학교나 대학을 졸업할 때까지 계속해서 점수에 의한 경쟁만을 위하여 모든 정력을 바치는 것은 옳지 못하다.

이것은 결코 경쟁의 경험을 바르게 주는 것이 되지 못한다. 아이는 협동과 경쟁을 동시에 경험해야 한다. 그래야만 의욕이 있고 자신감이 충만한 사람으로 성장하고 동시에 이기적인 아집에서 벗어나 다른 사람과 협동할 줄 아는 원만한 성품을 지니게 된다.

지적 능력이 우수한 사람은 이들의 태도가 개인주의적이기 때문에 기관 내에서 협동이 원만하지 못하다는 단점이 있다.

이 점을 우리는 솔직히 시인해야 할 것 같다. 그리고 그 개인주의적이라는 것이 개성적인 것이라면 그것은 오히려 환영 받아야 할 일이지만 이기적이라는 데에 문제가 있다. 대학에 있는 사람으로서 변명하려는 것은 아니지만 사실 그 이기적인 성향은 대학에서 길러온 것이 아니라, 대학에 들어오기까지 계속해서 경쟁만을 일삼은 데에 주된 원인이 있다고 할 것이다.

유대인의 사회에서는 경쟁을 통하여 의욕을 고취하지만 동시에 협동을 강조하는 교육적인 배려를 하고 있다.

예를 들어 유대인의 춤을 생각해 보자.

축제가 있을 때 유대인은 춤을 즐기는데, 그 춤은 독무가 아니라 군무가 대부분이다. 많은 사람들이 떼를 지어 '하바나 길라'와 같은 민속적인 빠른 리듬을 타고 율동을 즐긴다. 특히 주목할 만한 것은 군무의 기본대형이 둥그런 원이라는 것이다. 바로 이 원은 민족의 단합과 행동을 상징한다. 대열에 참가하고 있는 모든 사람이 손에 손을 잡고 협동하지 않는 한 원은 그려 지지 않는다. 유대인의 부모는 자녀에게 이렇게 가르친다.

"참아라! 그러나 손에 손을 잡고 민족이 협동할 줄 알아야 한다." 라고.

하던 일을
끝마치는 습관

95

어떤 과업에 열중한다는 것은 그 과업을 훌륭하게 성취시키는 동기가 되는 것도 사실이다. 이렇게 열중할 수 있다는 것은 일에 대한 집념이나 지구력과 깊은 관계가 있다. 일을 추진하는 지구력과 집념이 있는 사람만이 그 일을 완수하기까지 열중하게 된다. 아이들에게서 발견되는 특징의 하나로서 지구력이 약하다는 것을 들 수 있다. 하던 일을 끝까지 계속하는 지속성과 이미 착수한 일을 완성시키고야 말겠다는 완성의 욕구가 전반적으로 빈약하다는 점이다. 아이 세계뿐만 아니라 어른들에게도 이 말은 적용된다.

처음에 아이는 장시간에 걸친 주의 집중을 하지 못한다. 그러던 것이 계속적인 훈련과정을 통해서 주의 집중의 폭을 넓혀 간다. 처음에는 한 가지 일에 불과 10분도 열중 할 수 없던 아이가 점점 커가면서 30분으로 길어지고, 마침내 몇 시간씩 한 가지 일에 열중 할 수 있는 주의 집중의 폭을 가지게 된다. 하던 일을 끝까지 완성하려고 하는 의욕이 부족한 사람에게서 어떤 일에 몰두하거나 끝까지 물고 늘어지는 지구력과 강인한 의지를 찾기는 어렵다. 일반적으로 아이의 지구력이 박약하다는 것은 결국 완성의 욕구가 부족한 것이며 그와 같은 의욕이 빈약하다는 것은 어떤 일에 열중할 수 있는 주의 집중의 폭을 넓혀 줄 수 있는 훈련과정이 부족하다는 말이 된다.

이와 관련하여 또 한 가지 생각해 보아야 할 것은 지구력이나 집념과 같은 의욕은 어떤 외적 보상에 의해서 생기는 것이 아니라, 기본적으로 내적 동기에 의해서 나타나게 된다는 점이다. 어떤 일에 열중하여 무엇을 완성하게 되면 부모로부터 칭찬을 받거나 어떤 물질적 보상을 받게 된다는 기대 때문에 집념을 가지고 한 가지 일에 집중하게 되는 것이 아니다.

그것보다는 '나도 무엇을 할 수 있다.'는 자기 능력감과 '마침내 내가 해야 할 일을 끝마쳤다.'는 완성감 또는 '나는 주어진 일을 훌륭하게 완수하였다.'는 자기만족감 등이 작용하여 어떤 일에 대한 의욕과 지구력을 고취 시켜 주는 것이다. 이때의 자기능력감, 완성감, 만족감 같은 것은 사실 어떤 외적 보상과는 상관이 없다. 이것은 기본적으로 자기 내면에서 우러나는 것이며 이것을 내적동기라고 한다. 인정이나 칭찬을 받게 될 것이라는 기대나 어떤 일에 열중하는 것은 자기 스스로의 만족감을 위해서도 좋은 것이다.

심리학자들의 연구결과를 인용할 필요도 없이 다른 사람이 시켜서 하거나 어떤 보상을 바라고 하는 일과 자기 스스로가 좋아서 하는 일을 비교해 보면 후자의 경우가 훨씬 지속성이 있고 열중의 정도가 높다는 것은 너무나 자명한 사실이다. 학교 공부도 그렇고 자전거를 배우는 일도 그렇다. 학교 공부도 100점을 받아오면 돈 만원을 받을 수 있다는 어떤 외적 보상에 의하는 것보다 나도 100점을 받을 수 있다는 자기 성취감에 의하여 공부할 때 더욱 열중하게 된다.

　여기에서 우리는 하나의 중요한 학습 원리를 발견하게 된다. 공부를 하거나 어떤 일을 하려고 하는 의욕은 외적 보상이 아니라, 내적 동기에 의하여 유발되어야 하며 이와 같은 내적 동기가 있을 때 집념이나 지구력과 같은 끈기가 일어나게 된다는 원리이다.

　그리고 이러한 내적 동기는 어떤 일을 성공적으로 완성해 보는 경험에서 생긴다. 중도에 포기하지 않고 하던 일을 끝마치는 성취의 경험을 가짐으로서 아이들은 어떤 일을 끝마친 다음에 주어질 것이라고 기대되는 보상보다도 그 일 자체에 대해서 관심을 가지게 된다. 이 점에서 하던 일을 끝마치는 습관을 몸에 익히게 하는 것은 대단히 중요하다. 다시 또 우리의 현실세계로 시선을 돌려보자. 일반적으로 아이들은 외부로부터 주어지는 외적 보상에 의해서 움직이는 경향이 농후하다.

　결국 어릴 때부터 외적 보상에 의해서만 생활하여 왔기 때문이다. 그래서 일이나 공부 자체보다도 그 뒤에 오는 칭찬과 보상에 대해서만 관심을 기울인다. 학교에서 모르던 것을 새로 배웠다는 데에 관심이 있는 것이 아니라 시험에서 몇 점을 맞았는지에 관심이 쏠린다.

아이들은 숙제를 풀어가며 복습을 하는 공부에 흥미를 느끼는 것이 아니라, 숙제를 하면 얼마를 받을 수 있다는 데 더욱 흥미를 느끼는 경우가 많다. 이런 과정을 통해 자란 아이들에게서 어떤 일에 스스로 몰두하고 지속적으로 열중하는 지구력을 기대하기는 어렵다. 설명이 좀 장황하게 되었으나 여기에서 강조하려는 것은 한 두 마디로 요약할 수 있다.

아이들에게 규칙적인 시간생활을 시키는 것도 필요하지만, 이것보다도 더 중요한 것은 하던 일을 끝까지 마치도록 하는 경험을 주는 것이 필요하다. 이 경험을 통해서 아이들은 어떤 일을 완성해 보는 성취감과 자기 실현의 존재감을 느낄 것이다.

너는 내가 더 좋은 사람이 되게 만들어

엘라 얼 글 · 장은선 옮김

다반

To _____

_____

Form _____

_____

친구는 당신이 가질 수 있는
가장 좋은 것이며,
당신이 될 수 있는 최고의 것이기도 하다

_ 더글라스 페이겔스

A friend is one of the nicest things you can have,
and one of the best things you can be.
_ Douglas Pagels

'너도 그래? 나뿐인 줄 알았는데'
그 순간 우정이 탄생한다
_ C. S. 루이스

Friendship is born at that moment when one person says to another:
'You too? I thought I was the only one.'
_ C. S. Lewis

최고의 대화는
말조차 필요 없는 것이다

Our best conversations
are without words.

우정은 기쁨을 두 배로 하고
슬픔을 반으로 나누기에
행복과 함께 약간의 고통을 수반한다
_ 마르쿠스 툴리우스 키케로

Friendship improves happiness, and abates misery,
by doubling our joys and dividing our grief.
_ Marcus Tullius Cicero

나의 가장 소중한 사람,
그건 바로 너야!

You are my favourite person.

침묵조차 편안한 상대가
진정한 친구다
_ 데이비드 타이슨 갠트리

True friendship comes when the silence between
two people is comfortable.
_ David Tyson Gentry

아플 때조차
날 웃게 만드는 너

You make me laugh so much my sides hurt.

다른 사람들이 신을 찾고
시를 읽을 때
나는 너에게로 간다
_ 버지니아 울프

Some people go to priests,
others to poetry, I to my friends.
_ Virginia Woolf

_____

_____

_____

_____

_____

_____

_____

_____

너는 내가
더 좋은 사람이 되게
만들어

You make me a better person.

내 가장 깊은 비밀을
함께 해줄 너
I can trust you with
my deepest secrets.

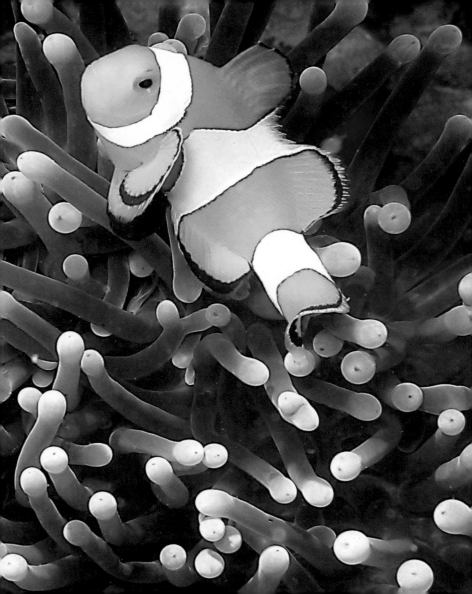

진정한 친구를 위해
하지 못할 일이란 없다
_ 제인 오스틴

There is nothing I would not do for those
who are really my friends.
_ Jane Austen

너와 함께 있을 때가
난 제일 행복해

Spending time with you is my favourite way to have fun.

그 어느 누구보다도
날 이해하는 너

You understand me like
no one else does.

최고의 친구는
내게 최선의 것을 가져다주는 사람이다
_ 헨리 포드

My best friend is the one who brings out the best in me.
_ Henry Ford

새벽 4시에 전화해도
아무런 문제가 없다면
그게 바로 친구다

_ 마를렌 디트리히

It's the friends you can call up at 4 a.m.
that matter.
_ Marlene Dietrich

우린 둘 다 괴짜라서
난 참 좋아

I like that we're strange in the same ways.

친구는 만드는 것이 아니라
알아보는 것이다

_ 개츠 하인리히

One does not make friends.
One recognises them.
_ Garth Henrichs

해가 떠도 보고 싶고
비가 와도 보고 싶고

You are an all-weather friend.

난 가끔 우리의 영혼이
서로의 몸 안에 있다는 것을 느껴

Sometimes I feel that we're one soul
in two people.

친구는 내가 선택하는
가족이다
_ 제스 C. 스콧

Friends are the family you choose.
_ Jess C. Scott

헛소리를 하는 것도,
그 헛소리를 받아주는 것도
친구의 특권이다

_ 찰스 램

'Tis the privilege of friendship to talk nonsense,
and to have her nonsense respected.
_ Charles Lamb

두려울 때 용기를 주고
힘겨울 때 지혜를 주는 너

You make me brave when I'm scared and
wise when I'm reckless.

우정은 거대한 게 아니다
수만 개로 흩어진 아주 작은 것이다

_ 무명 시인

Friendship isn't a big thing. It's a million little things.
_ Anonymous

아무것도 하지 않고
함께 있기만 해도 난 행복해

Even doing nothing with you is fun.

신실한 친구는
인생의 약이다

_ 벤 시라

A faithful friend is the medicine of life.
_ Ben Sira

어둠 속에서 내리는 한줄기 빛

You are the ray of light in my dark times.

우정은 삶과 믿음을 붙이는
접착제와도 같은 것
_ 존 카츠

Friends are part of the glue that holds life and faith together.
_ Jon Katz

영원히
너와 있고 싶어

Let's be friends forever.

너를 너로 있게
해주는 사람이 바로 친구다

_ 프랭크 크레인

What is a friend? I will tell you.
It is a person with whom you dare to be yourself.
_ Frank Crane

내게 필요한 말을
해주는 너

You always say what I need to hear.

내 친구들은 모두가 하나의 세계다
예전에는 미처 몰랐던 세계
_ 아나이스 닌

Each friend represents a world in us,
a world possibly not born untill they arrive.
_ Anaïs Nin

너와 함께라면
난 뭐든지 할 수 있어

I feel like I can achieve anything when I'm with you.

넌 나의 영웅이야

You are my hero.

두 몸에 들어간 하나의 영혼,
그것이 친구다

_ 아리스토텔레스

What is a friend?
A single soul dwelling in two bodies.
_ Aristotle

내가 잘못을 했을 때 거리를 두는 사람보다
내 손을 잡고 잘못을 말해주는 사람이
더 소중한 존재다

_ 바버라 킹솔버

The friend who holds your hand and says the wrong thing is made of
dearer stuff than the one who stays away.
_ Barbara Kingsolver

네가 웃으면
나도 좋아

When you laugh, I can't help but laugh too.

친구란 나에 대해 모두 다 알면서도
나를 사랑해 주는 그런 사람이다

_ 앨버트 하버드

A friend is someone who knows
all about you and still loves you.
_ Elbert Hubbard

너랑 있을 때 지루한 적은
단 한 번도 없었어
I never get bored of spending time with you.

혼자 빛 속을 걷느니
함께 어둠 속을 걸을 것이다
_ 헬렌 켈러

I would rather walk with a friend in the dark,
than alone in the light.
_ Helen Keller

넌 나의 가족이야

You are like family to me.

친구 사이의 진정한 대화는 침묵이다
말도 필요 없고,
계산도 필요 없는 그런 침묵

_ 마거릿 리 런백

Silence makes the real conversations between friends.
Not the saying, but the never needing to say that counts.
_ Margaret Lee Runbeck

넌 내 최고의
청취자야

You are the best listener.

우정은
내가 준 것은 잊고
받은 것은 기억하는 식으로
이루어져 있다
_ 알렉상드르 뒤마

Friendship consists in forgetting what one gives
and remembering what one receives.
_ Alexander Dumas

네 포옹이
내겐 최고의 날이야

A hug from you makes my day.

그 어디에서건
내 친구들이 나의 세계를 만들어

_ 헨리 드러먼드

Wherever we are, it is our friends that make our world.
_ Henry Drummond

넌 다이아몬드처럼
빛나는 사람이야

You are a brilliant friend.

우리의 눈싸움은
영원한 우정을 만드는
완벽한 출발이다
_ **마커스 주삭**

A snowball in the face is surely
the perfect beginning to a lasting friendship.
_ Markus Zusak

내 인생에서
가장 소중한 길동무는 너야

You are my favourite companion
on the road of life.

언제까지나
네 곁에 있을 거야

I will always be there for you.

가장 멋진 우정은
서로를 존중하면서도
아무것도 묻지 않는 것이다

_ 실비아 브리머

The finest kind of friendship is between people
who expect a great deal of each other but never ask it.
_ Sylvia Bremer

네게 털어놓으면
아주 큰 문제도 작게만 느껴져

You make even the biggest problems seem small
and manageable.

풍요 속에서는
친구들이 나를 알게 되고,
역경 속에서는
내가 친구를 알게 된다

_ 존 철튼 콜린스

In prosperity our friends know us;
In adversity we know our friends.
_ John Churton Collins

우정은
내 유일한 피난처다

＿ 사무엘 테일러 콜리지

Friendship is a sheltering tree.
＿ Samuel Taylor Coleridge

너는 시련도
모험으로
바꾸는 사람이야

You turn a challenging time into
an adventure.

_____

_____

_____

_____

_____

_____

_____

_____

'네 곁에' 라는 말은
정말이지 가장 매력적이야

_ 에이모스 브론슨 올컷

'Stay' is a charming word in a friend's vocabulary.
_ Amos Bronson Alcott

우리는 서로 달라서
서로를 받쳐줄 수 있는 거야

We complement each other with
our differences.

친구란 네가 혼자 남겨졌다고 느낄 때
옆에 있어 주길 바라는 바로 그런 사람이야

_ 바바라 버로우

A friend is somebody you want to be around
when you feel like being by yourself.
_ Barbara Burrow

네 눈으로 세상을 바라보며
난 새로운 것을 배워

I learn new things when I look at the world through your eyes.

친구의 도움도 고맙지만
친구의 신뢰는 더욱 고맙다

_ 에피쿠로스

It is not so much our friends' help that helps us,
as the confidence of their help.
_ Epicurus

필요한 게 있으면 말만 해!

If you ever need anything,
just let me know.

진정한 우정보다
더 소중한 것은 이 지구상에는 없다

_ 성 토마스 아퀴나스

There is nothing on this earth more to be prized
than true friendship.
_ St Thomas Aquinas

사랑해

I love you.